A TUS ÓRDENES

Colección Deluxe

Por
Neville Goddard
Imaginatio Divina Media

Publicado en 2024 por Imaginatio Divina Media.

Sitio web: www.imaginatiodivinamedia.com

A TUS ÓRDENES .

ISBN: 979-8-3304-6313-8

Contenido

RESUMEN
DE *A TUS ÓRDENES* :

En A Tus Órdenes, de Neville Goddard, se hace hincapié en el concepto de que **la imaginación y la conciencia son las fuerzas clave que subyacen a la manifestación y la realidad.** El tema central es que los seres humanos, a través de su conciencia o estado "YO SOY", tienen el poder de dar forma a sus experiencias y al mundo externo.

Goddard sostiene que lo que una persona es consciente de ser es lo que manifiesta en su vida. Interpreta las historias y enseñanzas bíblicas no como acontecimientos históricos, sino como dramas psicológicos que reflejan la naturaleza de la conciencia. Por ejemplo, la frase bíblica "YO SOY" se entiende como una declaración de la propia conciencia y, a través de esta conciencia, los individuos pueden crear su realidad.

El libro insiste en que las oraciones y las afirmaciones no son eficaces a menos que estén acompañadas por la sensación de ser ya lo que uno desea. Goddard explica que la manifestación requiere que una persona encarne internamente el estado de su deseo, sin dudar ni centrarse en la falta de lo que busca. Este cambio interno, afirma, traerá naturalmente la manifestación externa del estado deseado.

El libro enseña que para lograr un cambio, las personas primero deben cambiar su conciencia interior asumiendo plenamente el sentimiento del resultado deseado. Esto coincide con la idea de que "como es adentro, es afuera", es decir, que el mundo externo de una persona es un reflejo de su estado interno de ser.

CONTEXTO MODERNO
A TUS ÓRDENES :

Los principios de Neville Goddard, tal como se expresan en *A Tus Órdenes* , se alinean estrechamente con conceptos modernos en campos como la neurociencia, la atención plena y la Ley de Atracción, cerrando la brecha entre las enseñanzas espirituales y los conocimientos científicos y psicológicos contemporáneos.

1. Neurociencia y pensamiento positivo: Las investigaciones modernas en neurociencia sugieren que nuestros pensamientos moldean la estructura de nuestro cerebro a través de un proceso llamado neuroplasticidad. Cuando las personas se concentran en pensamientos positivos, pueden fortalecer las vías neuronales asociadas con la felicidad, la resiliencia y el éxito. Esto se relaciona directamente con la idea de Goddard de que la conciencia (o lo que somos conscientes de ser) se manifiesta en la realidad. Al cultivar una mentalidad alineada con los propios deseos, como sugiere Goddard, las personas pueden remodelar su cerebro para que se alinee con los resultados positivos.

2. Atención plena: Goddard enfatiza la importancia de ser, asumir el estado de conciencia de lo que uno desea antes de que se manifieste. Esto refleja la práctica de la atención plena de centrarse en el momento presente y ser plenamente consciente de los pensamientos y las emociones. Ambos conceptos fomentan la autoconciencia y la conformación intencional de los estados internos para influir en las realidades externas. En la atención plena, a los practicantes se les enseña a observar sus pensamientos sin juzgarlos y a cultivar los estados mentales deseados, de forma muy similar a la guía de Goddard de encarnar el sentimiento de ser ya lo que uno busca.

3. Ley de Atracción: Las enseñanzas de Goddard suelen considerarse fundamentales para los conceptos modernos de la Ley de Atracción. La Ley de Atracción postula que lo similar atrae a lo similar, lo que significa que la energía o los pensamientos que ponemos en el mundo regresan a nosotros. El principio de Goddard de que "la conciencia es la única realidad" y que manifestamos lo que somos conscientes de ser es un precursor directo de esta idea. En ambos casos, el poder de la imaginación, la creencia y la alineación emocional se consideran esenciales para manifestar las experiencias deseadas en el mundo físico.

Al conectar las ideas espirituales de Goddard con estas disciplinas modernas, los lectores que buscan fundamentos científicos o psicológicos para sus prácticas espirituales pueden encontrar puntos en común. La fusión de la espiritualidad y la ciencia ofrece un enfoque integral, que demuestra que tanto la sabiduría antigua como la investigación contemporánea coinciden en el poder de los pensamientos y la conciencia para dar forma a la propia realidad.

A TUS ÓRDENES

Por Neville Goddard
(1939)

CARTA DE NEVILLE

Este libro contiene la esencia misma
del Principio de Expresión.
Me hubiera importado, podría haberlo ampliado.
en un libro de varios cientos de páginas
Pero tal expansión habría
Derrotó el propósito de este libro.

Las órdenes, para ser efectivas, deben ser breves
y al grano: el mayor mandamiento
jamás registrado se encuentra en los pocos y
sencillos
Palabras: "Y dijo Dios: Sea la luz".

De acuerdo con este principio, ahora doy
A ti, el lector, en estas pocas páginas,
La verdad tal como me fue revelada.

—NEVILLE

INTRODUCCIÓN

No ordenas que las cosas aparezcan con tus palabras o afirmaciones en voz alta. Esa vana repetición es, la mayoría de las veces, la confirmación de lo contrario. El decretar siempre se hace en la conciencia. Es decir, cada hombre es consciente de ser aquello que se ha decretado ser. El hombre mudo sin usar palabras es consciente de ser mudo. Por lo tanto, se está decretando a sí mismo ser mudo.

En lugar de considerar la Biblia como el registro histórico de una civilización antigua o la biografía de la vida inusual de Jesús, véala como un gran drama psicológico que tiene lugar en la conciencia del hombre. Reclámela como suya y de repente transformará su mundo de los áridos desiertos de Egipto a la tierra prometida de Canaán. Todos estarán de acuerdo con la afirmación de que todas las cosas fueron hechas por Dios, y sin él no hay nada hecho, pero en lo que el hombre no está de acuerdo es en la identidad de Dios. Todas las iglesias y sacerdocios del mundo están en desacuerdo en cuanto a la identidad y la verdadera naturaleza de Dios. La Biblia prueba más allá de toda duda que Moisés y los profetas estaban cien por ciento de acuerdo en cuanto a la identidad y la naturaleza de Dios. Y la vida y las enseñanzas de Jesús están de acuerdo con los hallazgos de los profetas de la antigüedad. Moisés descubrió que Dios era la conciencia de ser del hombre, cuando declaró estas palabras poco entendidas: "YO SOY me ha enviado a vosotros". David cantó en sus salmos: "Estad quietos y sabed que YO SOY Dios". Isaías declaró: "Yo soy el Señor y no hay otro más. No hay Dios fuera de mí. Yo te ceñí, aunque tú no me conociste. Yo formo la luz y creo las tinieblas, hago la paz y creo la adversidad. Yo, el Señor, hago todas estas cosas".

La conciencia de ser como Dios se afirma cientos de veces en el Nuevo Testamento. Por nombrar solo algunas: "YO SOY el pastor, YO SOY la puerta; YO SOY la resurrección y la vida; YO SOY el camino; YO SOY el Alfa y la Omega; YO SOY el principio y el fin"; y nuevamente, "¿Quién decís que SOY YO?"

Todos estarán de acuerdo con la afirmación de que todas las cosas fueron hechas por Dios, y sin Él no hay nada hecho, pero en lo que el hombre no está de acuerdo es en la identidad de Dios. Todas las iglesias y sacerdocios del mundo están en desacuerdo en cuanto a la identidad y naturaleza verdadera de Dios. La Biblia prueba más allá de toda duda que Moisés y los profetas estaban cien por ciento de acuerdo en cuanto a la identidad y naturaleza de Dios. Y la vida y enseñanzas de Jesús están de acuerdo con los hallazgos de los profetas de la antigüedad. Moisés descubrió que Dios era la conciencia de ser del hombre, cuando declaró estas palabras poco entendidas: "YO SOY me ha enviado a vosotros". David cantó en sus salmos: "Estad quietos y sabed que YO SOY Dios". Isaías declaró: "YO SOY el Señor y no hay ningún otro. No hay Dios fuera de mí. Yo te ceñí, aunque tú no me conociste. Yo formo la luz y creo las tinieblas, hago la paz y creo el mal. Yo, el Señor, hago todas estas cosas".

La conciencia de ser como Dios se afirma cientos de veces en el Nuevo Testamento. Por nombrar solo algunas: "YO SOY el pastor, YO SOY la puerta; YO SOY la resurrección y la vida; YO SOY el camino; YO SOY el Alfa y la Omega; YO SOY el principio y el fin"; y nuevamente, "¿Quién decís que SOY YO?"

PRIMERA PARTE

¿Puede el hombre decretar una cosa, y hacer que ella se vuelva realidad? Definitivamente sí. El hombre siempre ha decretado aquello que ha aparecido en su mundo, está hoy decretando lo que aparece y continuará haciéndolo hasta tanto él sea consciente de ser el hombre. Nunca nada ha aparecido en el mundo del hombre sin que haya sido decretado por él mismo. Usted puede negar esto, pero trate de desmentirlo, y no podrá hacerlo, pues el resultado de decretar se basa en un principio incambiable. Usted no ordena que las cosas aparezcan en su realidad mediante afirmaciones audibles, ni vanas repeticiones, pues éstas muy frecuentemente son confirmaciones de lo opuesto a lo buscado. Los decretos siempre se hacen en la conciencia. Es decir, cada hombre es conciente de ser aquello que se ha decretado para sí mismo ser.

Cuando la Biblia se lee bajo ésta perspectiva, usted hallará que se trata del más grande libro científico jamás escrito. En vez de mirarla como el registro histórico de una civilización antigua, o como la insólita biografía de Jesús, véala como un gran drama psicológico que ocurre en la conciencia del ser humano.

Aprópiese de su significado, y súbitamente su vida se transformará de atravesar los desiertos de Egipto a la tierra prometida de Canaan.

Todos seguramente estarán de acuerdo en el hecho de que todas las cosas fueron hechas por Dios, y que sin él nada de lo que está hecho hubiera sido; pero en lo que sí no nos hemos puesto de acuerdo los hombres es en la identidad de Dios. Todas las iglesias y los pastores del mundo están en desacuerdo sobre la identidad y la verdadera naturaleza de Dios. La Biblia prueba, sin sombra de duda, que Moisés y los profetas estaban completamente de acuerdo en cuanto a la identidad y naturaleza de Dios. Y la vida y las enseñanzas de Jesús están de acuerdo con los conceptos del Antiguo testamento. Moisés encontró que Dios es la CONCIENCIA DE SER del hombre, cuando declaró éstas pequeñas y tan mal entendidas palabras, "YO SOY me ha enviado a ustedes". David cantaba en sus Salmos, "Aquiétate, y sabe que YO SOY Dios"; Isaías declaró "YO SOY el Señor, y nadie más hay. No hay otro Dios a mi lado. De esto les informo, pues hasta ahora ustedes no me han conocido. Yo hago la luz, y creo la oscuridad; Yo hago la paz y creo el mal. Yo, el Señor, hago todo esto"

La CONCIENCIA DE SER como siendo Dios es establecida cientos de veces en el

Nuevo Testamento. Para mencionar sólo algunas: "YO SOY el pastor, YO SOY la puerta; YO SOY la resurrección y la vida; YO SOY el camino; YO SOY el alfa y la omega; YO SOY el principio y el fin; "Quién dicen ustedes que YO SOY?"

El no dijo "Yo, Jesús, soy la puerta; Yo Jesús, soy el camino", ni "¿quién dicen ustedes que Yo, Jesús, soy?" Es claro establecido "YO SOY el camino". La CONCIENCIA DE SER es la puerta a través de la cual todas las manifestaciones de la vida se plasman en el mundo de la forma.

La conciencia es el poder resucitador; resucita aquello que el hombre es conciente de ser. El hombre siempre está manifestando en la realidad aquello de lo cual tiene conciencia de ser. Esta es la gran verdad que lo hace libre, y en consecuencia el hombre siempre se encuentra auto-esclavizado, o auto-liberado.

Si usted, lector, deja a un lado todas sus viejas creencias sobre un Dios que está separado de usted, y acepta que Dios es su propia CONCIENCIA DE SER, como Jesús y los profetas lo hicieron, usted transformará su mundo con la seguridad de que "Yo y mi padre somos uno". Esta aseveración, "Yo y mi padre somos uno, pero mi padre es más grande que yo", parece ser muy confusa. Pero interpretada bajo la perspectiva que acabamos de establecer sobre la identidad de Dios, usted la encontrará muy reveladora. La conciencia, siendo Dios, es como el padre. Aquello de lo cual usted es conciente de ser es el "hijo" dando testimonio de su padre. Es como el inventor y sus invenciones. El inventor es más grande que sus invenciones, pero permanece uno con ellas. Por ejemplo, antes de que usted sea conciente de ser un hombre, primero es conciente de ser. Después es conciente de ser un hombre. Aunque usted sigue siendo aquel que concibe, más grande que su concepción – hombre.

Jesús descubrió esta gloriosa verdad y declaró que él mismo es uno con Dios, no con un Dios hecho a la manera del hombre. El nunca reconoció a éste tipo de Dios. El dijo "si alguna vez alguien viene diciendo "Mira aquí o allí", no le crean, pues el Reino de Dios está dentro de ustedes"". El cielo está dentro de cada uno de ustedes. En consecuencia, cuando se dice que "El ascendió junto a su padre", se quiso decir que él elevó su estado de conciencia al punto en que era conciente de SER, trascendiendo así las limitaciones de su anterior conciencia de sí mismo, llamado Jesús.

PREGUNTAS Y RESPUESTAS DE REFLEXIÓN

1. ¿Qué significa "decretar algo"? ¿Cómo afecta esto a nuestra realidad?

- **Respuesta:** "Decretar algo" significa decidir o reivindicar conscientemente un estado de ser o una condición dentro de uno mismo. Este proceso se produce a través de la conciencia, no mediante afirmaciones verbales o palabras repetidas. Cuando una persona toma conciencia de un estado particular, lo crea y lo manifiesta en su mundo. La realidad está determinada por aquello de lo que somos conscientes, seamos conscientes de ello o no.

-

2. ¿Cómo el concepto de "YO SOY" como Dios cambia la manera en que vemos nuestra identidad?

- **Respuesta:** La idea de que "YO SOY" es Dios sugiere que Dios no es un ser separado, sino nuestra propia conciencia de la existencia. Esto cambia el enfoque de la búsqueda de un Dios externo a la comprensión de que nuestra conciencia es divina. Al afirmar que "YO SOY" es Dios, reconocemos que el poder de crear y manifestar nuestras vidas reside en nuestra propia conciencia.

-

3. ¿Por qué el capítulo enfatiza que el decreto se hace en la conciencia y no en palabras?

- **Respuesta:** Las palabras por sí solas tienen poco poder sin el fundamento más profundo de la creencia y la conciencia. El capítulo enfatiza que el decretar ocurre dentro de la conciencia porque nuestra conciencia interna de ser es lo que da forma a nuestras experiencias. Las afirmaciones vacías sin una conciencia alineada no producirán cambios. Lo que realmente creemos que somos determina nuestra realidad.

-

4. ¿Cómo apoyan las referencias bíblicas a "YO SOY" el argumento del capítulo acerca de la conciencia?

- **Respuesta:** La Biblia está llena de afirmaciones como "YO SOY el camino" o "YO SOY la puerta", que, según este capítulo, no se refieren a Jesús como figura singular, sino a la naturaleza divina de la conciencia misma. Los profetas y Jesús apuntaron a la idea de que nuestra conciencia de ser, simbolizada por "YO SOY", es la fuerza creativa de la vida.

-

5. ¿Cuál es la relación entre el "Padre" y el "Hijo" como se describe en el capítulo?

- **Respuesta:** El "Padre" representa la conciencia o la percepción del ser, mientras que el "Hijo" es el estado del ser o condición con la que la conciencia se identifica. Aunque el Padre (la conciencia) es mayor que el Hijo (el estado particular), son uno e inseparables, así como aquello de lo que somos conscientes se convierte en nuestra realidad manifestada.

-

6. ¿Cómo desafía este capítulo las visiones tradicionales de Dios y la religión?

- **Respuesta:** Las visiones tradicionales suelen retratar a Dios como una entidad distante, externa, separada de la humanidad. Este capítulo desafía esa idea al afirmar que Dios está dentro, como conciencia. Invita a los lectores a abandonar la idea de Dios como un ser separado y, en cambio, a aceptar su propia conciencia como la fuerza creativa de sus vidas. Este cambio convierte la religión en una práctica de autoconciencia y transformación interna.

-

7. ¿Qué significa "El cielo está dentro de ti" en este contexto?

- Respuesta: "El cielo está dentro de ti" significa que el poder de crear una vida plena y abundante no proviene de fuentes externas sino de la propia conciencia. Se puede acceder al cielo, o al estado ideal del ser, a través de la conciencia y la comprensión de que nuestra conciencia es divina y creativa.

SEGUNDA PARTE

En la CONCIENCIA DE SER todas las cosas son posibles; él dijo, "decretarás una cosa, y ella se realizará". Este es su decreto, elevarse en la conciencia hasta la naturaleza de aquello que se desea. Como él lo expresó, "Y si yo fuere levantado, traeré conmigo toda la humanidad". Si yo soy elevado en conciencia a la naturaleza misma de las cosas deseadas, traeré a manifestación lo deseado dentro de mí, pues él establece "Nadie viene a mí a menos que el Padre en mí lo traiga, y Yo y mi padre somos uno".

En consecuencia, la conciencia es el padre que trae las manifestaciones de la vida hacia usted.

En la CONCIENCIA DE SER todas las cosas son posibles, él lo dijo. "Decretarás algo, y tal se hará". Y ésta es su forma de decretar, elevar el estado de conciencia hasta la naturaleza misma de aquello que se desea

Usted está en éste preciso momento, trayendo hasta su realidad aquello de lo cual es conciente de ser. Ahora, puede notar el significado de ¿"os es necesario nacer de nuevo"? Si usted no está satisfecho con las expresiones actuales de su vida, la única forma de cambiarlas es apartar su atención de aquello que le parece real y elevar su estado de conciencia a aquello que desea ser. No se puede servir a dos amos;

entonces, apartar la atención de un estado y centrarla en uno nuevo, es morir al primero y vivir para el nuevo.

La pregunta "¿Quién dice usted que YO SOY?" no está dirigida a un hombre llamado "Pedro" por alguien llamado "Jesús". Esta es una pregunta eterna dirigida por uno mismo a su propio verdadero ser. En otras palabras, "¿Quién dice usted que usted es?" Ya que la convicción que usted tenga sobre sí mismo, su opinión sobre sí mismo, determinará qué se está expresando en su vida.

El dijo "Si ustedes creen en Dios, crean también en mí". En otras palabras, él es el mí dentro de usted quien Dios es…

Orar, entonces, se puede ver ahora como el reconocimiento que usted mismo hace de ser aquello que desea, en vez de su aceptación después de un ruego a un Dios que no existe sobre lo que usted desea.

¿Puede ver ahora por qué tantos millones de oraciones no reciben respuesta? Los hombres oramos a un Dios que no existe. Por ejemplo, tener la conciencia de ser pobre y rogar a Dios por riquezas, sólo producirá como recompensa aquello de lo cual se es conciente, o sea más pobreza. Para que las oraciones sean efectivas, deben ser más un reclamo de aquello a lo que se tiene derecho, que una petición. Si usted ora por riquezas, aparte su atención del estado de pobreza negando la evidencia de los cinco sentidos, y asuma la naturaleza de ser rico…

Se nos ha dicho "Cuando ores, entra en tu cámara secreta y cierra la puerta. Y aquello que tu padre ve en lo secreto, te lo dará para que lo disfrutes abiertamente". Hemos identificado al "padre" con la CONCIENCIA DE SER. Y también hemos identificado a la "puerta" con la CONCIENCIA DE SER. Entonces, "cerrar la puerta" es dejar afuera todo aquello de lo que actualmente tengo conciencia, y reclamar en cambio ser o tener aquello que yo deseo ser o tener. En el momento en que mi reclamo queda establecido con una total convicción, en ese mismo momento empiezo a atraer su evidencia palpable en mi realidad.

Es necesario olvidarse completamente de la manera en que las cosas reclamadas han de aparecerse, ya que ningún hombre conoce esas maneras. Es decir, nada manifestado conoce cómo las cosas deseadas han de aparecer.

La conciencia es el camino o la puerta a través de las cuales las cosas o circunstancias han de aparecer. El dijo "YO SOY el camino"; no "Yo, Juan Pérez, soy el camino, sino "YO SOY", la CONCIENCIA DE SER", es el camino que conduce a la manifestación de las cosas y circunstancias. Los símbolos siempre están después que aquello que simbolizan. Nunca están antes. Las cosas no tienen existencia a menos que sean símbolos de los estados de conciencia. Por tanto, logre primero el estado de conciencia, y lo deseado ha de aparecer como un símbolo de ese estado.

Se nos dijo "Buscad primeramente el reino de los cielos, y todo lo demás os será añadido". Adquiera primero el estado de conciencia de las cosas y circunstancias que busca, y permita que los símbolos se manifiesten por sí solos. Esto es lo quiere decir "decretarás una cosa, y ella será dada".

Aplique estos principios y usted sabrá lo que es "probar y ver". La historia de María es la historia de cada ser humano. María no fue una mujer que dio a luz de manera milagrosa a alguien llamado Jesús. María es la CONCIENCIA DE SER que siempre permanece en estado virginal, sin importar cuántos deseos del hombre haya dado a luz. Ahora mismo obsérvese a usted mismo como esta Virgen María, siendo impregnada por usted mediante el deseo, volviéndose una con su deseo hasta el punto de encarnar o dar a luz a su deseo.

Por ejemplo: se dice de María (que ahora usted sabe es usted mismo) que nunca conoció varón. Sin embargo, concibió. Es decir que usted, Juan Pérez, no tiene ninguna razón para creer que su deseo es posible, pero habiendo encontrado que su CONCIENCIA DE SER es Dios, hace de ésta conciencia su esposo y concibe un niño (la manifestación) del señor, "Pues tu creador es tu señor; el señor de las huestes es su nombre; el señor Dios de toda la tierra, así será llamado". Su ideal o ambición es ésta concepción, y la primera instrucción a darle es "Ve, y no le digas a nadie". Es decir, con nadie comente sus deseos y ambiciones, pues lo más seguro es que los otros hagan eco de sus temores actuales. El secreto es la primera ley a observar para la realización de sus deseos.

La segunda ley, como se nos dijo en la historia de María, es "Magnificar al Señor".

Hemos identificado al Señor con nuestra CONCIENCIA DE SER. Por tanto, "magnificar al señor" es valorizar o expandir el actual concepto de uno mismo hasta un punto en que esta valoración se vuelva natural. Cuando se alcanza esta naturalidad, usted da a luz llegando a ser aquello con lo que usted es uno en su conciencia.

La historia de la creación se nos ha entregado compendiada en el primer capítulo de Juan.

"En el principio era el Verbo". Ahora, éste mismo instante, es el "principio" mencionado. Es el principio de un deseo. El "Verbo" es el deseo nadando alrededor de su conciencia, buscando su manifestación. El deseo carece de realidad alguna, puesto que YO SOY o la CONCIENCIA DE SER es la única realidad. Las cosas existen solo en la medida en que YO SOY conciente de ser ellas; por tanto, para realizar nuestros deseos, debemos aplicar la segunda parte del primer verso de Juan. Es decir, "Y el Verbo estaba con Dios". La palabra, el verbo, el deseo, debe fijarse o unirse con la conciencia para que se vuelva una realidad. La conciencia se convierte en la conciencia de ser la cosa deseada, clavándose a sí misma en la forma o concepción, y dando vida en su concepción, o resucitando aquello que en el momento era un deseo muerto o no cumplido. "Dos se pondrán de acuerdo sobre cualquier cosa, y ella será establecida en la tierra".

Este acuerdo no es entre personas. Es entre la conciencia y el objeto deseado. Usted es ahora conciente de ser, y entonces ahora se dice, sin usar palabras audibles, "YO SOY". Ahora, si es un óptimo estado de salud el que usted desea lograr, usted empieza a SENTIRSE completamente saludable. Y en el instante en que el sentimiento de "YO SOY saludable" se logra, dos se han puesto de acuerdo. Es decir, YO SOY y SALUD han acordado ser uno y este acuerdo siempre resulta en el nacimiento de un niño que es el objeto del acuerdo, en éste caso, la salud. Y puesto que yo hice el acuerdo, yo expreso lo acordado. ¿Ve ahora por qué Moisés estableció "YO SOY me ha enviado"?

¿Qué otro ser, aparte de "YO SOY" podría enviarle a usted la manifestación? Ninguno, porque "YO SOY el camino, delante de mí no hay nadie más". Si usted toma las alas del amanecer y vuela a lugares indescriptibles o si usted establece su aposento en el infierno, siempre será conciente de ser. Usted siempre es puesto en expresión por su conciencia y su expresión es siempre aquello de lo cual usted es conciente de ser.

PREGUNTAS Y RESPUESTAS DE REFLEXIÓN

1. ¿Qué significa "elevar la conciencia a la naturalidad de la cosa deseada"?

- **Respuesta:** Esta frase sugiere que para lograr o manifestar un deseo, debes elevar tu conciencia para aceptar y encarnar plenamente el estado de ya haber cumplido ese deseo. En lugar de simplemente esperar o desear algo, debes sentirlo y creerlo como una parte natural e inevitable de tu experiencia. Cuando te identificas con el estado deseado, lo atraes hacia tu realidad.

-

2. ¿Cómo se relaciona el concepto de "nacer de nuevo" con la conciencia?

- **Respuesta:** En este contexto, "nacer de nuevo" se refiere a un cambio de conciencia. Significa abandonar tu identidad o estado de ser actual si ya no te sirve y adoptar una nueva conciencia alineada con el resultado que deseas. Esta transformación se produce al redirigir tu atención de lo que actualmente percibes como real al nuevo estado que deseas encarnar.

-

3. ¿Cuál es el significado de la pregunta: "¿Quién decís que soy yo?"

- **Respuesta:** Esta pregunta te desafía a reflexionar sobre tu autopercepción. Te pregunta: "¿Quién crees que eres?" Tu respuesta es crucial porque dicta tus experiencias y la realidad que creas. Si crees que eres limitado o deficiente, experimentarás esas limitaciones. Si te ves abundante o poderoso, tu vida reflejará esa creencia.

-

4. ¿Por qué muchas oraciones quedan sin respuesta según este capítulo?

- **Respuesta:** Las oraciones no reciben respuesta cuando se basan en un sentimiento de carencia o desesperación. Por ejemplo, si rezas por riquezas siendo consciente de tu pobreza, seguirás manifestando pobreza porque ese es tu estado de conciencia. El capítulo sugiere que la oración exitosa consiste en asumir la sensación de que ya tienes lo que deseas en lugar de pedir desde un lugar de carencia.

-

5. ¿Qué significa "cerrar la puerta" cuando oramos?

- **Respuesta:** "Cerrar la puerta" se refiere a bloquear el estado actual de conciencia que no se alinea con tus deseos. Significa apartarte de la evidencia de tus sentidos (lo que parece real en el momento) y enfocarte en tu interior, en el nuevo estado de ser que deseas experimentar. Este cambio interno es esencial para lograr la manifestación de tus deseos.

-

6. ¿Por qué no debe cuestionarse el "cómo" de la manifestación?

- **Respuesta:** El "cómo" está más allá de la comprensión humana y no es importante en el proceso de manifestación. Según el capítulo, la conciencia (conciencia de ser) es la puerta por la que todas las cosas llegan a existir. Una vez que alineas tu conciencia con tu deseo, la manifestación ocurrirá de manera natural. Preocuparse por cómo sucederá solo genera dudas y perturba el proceso.

-

7. ¿Qué quiere decir el capítulo "Buscad primeramente el reino de los cielos"?

- **Respuesta:** "Buscad primero el reino de los cielos" significa priorizar el cambio de conciencia antes de preocuparse por los resultados físicos. El "reino de los cielos" es un estado de conciencia en el que has reclamado plenamente la sensación de ser lo que deseas. Una vez que se alcanza este estado, las manifestaciones físicas se producirán sin esfuerzo.

-

8. ¿Cuál es el simbolismo del nacimiento virginal de María en este capítulo?

- Respuesta: María representa la conciencia del ser, y su virginidad simboliza la pureza de la conciencia que permanece intacta ante las condiciones externas. El "nacimiento virginal" es la idea de que los deseos se conciben dentro de la conciencia sin necesidad de validación o prueba externa. Cuando te vuelves uno con tu deseo en la conciencia (impregnado por él), das a luz su manifestación.

-

9. ¿Cómo se aplica la afirmación "La palabra estaba con Dios" a la manifestación de deseos?

- Respuesta: "La palabra" representa el deseo, y "Dios" simboliza la conciencia. Para que un deseo se manifieste, debe estar unido a la conciencia. Esto significa que debes interiorizarlo por completo y reclamarlo como parte de tu realidad. Solo entonces el deseo cobra vida y forma, convirtiéndose en una manifestación en el mundo externo.

-

10. **¿Qué significa "magnificar al Señor" en el contexto de este capítulo?**

- Respuesta: "Magnificar al Señor" significa expandir la conciencia que tienes de ti mismo. El Señor, en este contexto, es tu conciencia. Magnificarlo es elevar tu autopercepción, verte a ti mismo como más grande de lo que creías anteriormente y alinearte con un estado superior del ser. Esta expansión de la conciencia es lo que conduce a la realización de tus deseos.

TERCERA PARTE

De Nuevo, Moisés estableció "YO SOY el que YO SOY". Ahora, aquí hay algo para que siempre lo tengamos presente. No se puede echar vino nuevo en odres viejos, ni se pueden remendar vestiduras viejas con parches nuevos de tela. Es decir, usted no puede traer a su nuevo estado de conciencia ningún aspecto del viejo hombre. Todas sus creencias, temores y limitaciones actuales son cargas pesadas que lo amarran a su actual nivel de conciencia. Si quiere trascender este nivel, debe abandonar definitivamente todo con respecto a su concepto de sí mismo actual. Para hacer esto, aparte su atención de todos sus problemas y limitaciones presentes e imprégnese de la sensación de SER. Es decir, dígase en silencio pero con mucho sentimiento, "YO SOY". Que éste estado de conciencia sea totalmente incondicionado. Tan sólo declare que usted ES, y continúe haciéndolo, hasta que quede completamente perdido en la sensación de sólo SER, sin rostro, sin forma, sin condicionamientos ni relaciones. Cuando alcance éste estado de conciencia, entonces, dentro de ésta profundidad informe que usted ahora tiene, déle forma a la nueva concepción que usted quiere atraer a si vida, SINTIENDO que ES eso que desea.

Usted encontrará que, dentro de ésta profundidad informe de usted mismo, todas las cosas son divinamente posibles. Cualquier cosa en el mundo que usted pueda imaginar la puede lograr u obtener, dentro de ésta conciencia informe e incondicionada, y de la manera más natural.

En las Escrituras se nos invita a "Ausentarnos por completo del cuerpo y estar presentes con el Señor". El "cuerpo" es el viejo concepto de nosotros mismos; y el "Señor" la CONCIENCIA DE SER. Esto es lo que Jesús quiso decir a Nicodemo: "Debes nacer de nuevo, pues a menos que nazcas de nuevo, no entrarás al Reino del Cielo". En otras palabras: a menos que usted abandone por completo su actual concepto de sí mismo y asuma la naturaleza del nuevo nacimiento, usted continuará manifestando en su realidad sus limitaciones y carencias.

La única forma de cambiar las manifestaciones limitantes de su vida es a través de un cambio de conciencia. Ya que la conciencia es la realidad que eternamente se solidifica a sí misma en las cosas y circunstancias que le rodean. El mundo del hombre es, en todos sus detalles, su conciencia proyectada y manifestada. Tratar de cambiar sus circunstancias externas sin antes cambiar su estado de conciencia, es tan absurdo como tratar de modificar su aspecto personal rompiendo el espejo en el que se mira. Su entorno, y todo lo que hay dentro de él, refleja lo que usted es en su conciencia. Y en la medida en que usted siga con su estado actual de conciencia, lo que sigue manifestando ha de ser igual.

Sabiendo lo anterior, comience ahora mismo a revalorarse. El hombre se ha calificado a sí mismo con muy poco valor. En el libro de Números, usted lee "en aquellos días había gigantes en la tierra; y nosotros éramos, en nuestro propio sentir, como saltamontes. Y a la vista de ellos, éramos como saltamontes". Esto no se refiere a un tiempo remoto en que había hombres con estatura de gigantes. Hoy es el día, el eterno ahora en que las condiciones que le rodean han alcanzado la apariencia de gigantes (falta de empleo, las armas del enemigo, sus problemas y todo aquello que parece amenazarle), y esos son los gigantes que le hacen sentir como pequeño saltamontes. Pero, tal como ha sido dicho, usted fue primero, en su autoconcepto, un saltamontes, y a causa de ello, un saltamontes es para los gigantes. En otras palabras, usted solo puede ser para los demás aquello que primero usted es para sí mismo. Entonces, revalorizarse usted mismo y empezar a sentirse un gigante, un centro de poder, es minimizar a los gigantes y hacer que ellos se sientan saltamontes. Despierte al gran poder que usted representa, no como hombre, sino como su verdadero ser, sin rostro, sin forma, y libre de todos los condicionamientos y limitaciones en los que el usted humano se encuentra aprisionado.

"YO SOY el buen pastor y conozco mis ovejas y ellas me conocen. Mis ovejas oyen mi voz y yo las conozco y ellas me siguen". La CONCIENCIA DE SER es el buen pastor. Lo que YO SOY conciente de ser es la "oveja" que me sigue. Tan buen pastor es su

CONCIENCIA DE SER que nunca deja perder ni una de las ovejas de las cuales usted tiene conciencia de ser.

"YO SOY" es la puerta abierta para que todo lo que YO SOY ingrese. Su CONCIENCIA DE SER es el señor y el pastor de su vida. "El señor es mi pastor, nada me faltará", puede verse ahora a la luz de la verdad de quién es la CONCIENCIA DE SER. Usted nunca debería estar en deuda o en estado de falta de evidencia de aquello que usted es conciente de ser.

Siendo ésta la verdad, ¿por qué no volverse conciente de ser Grande? ¿Amoroso, saludable, abundante, y todos los atributos que usted admira?

Es tan fácil poseer la conciencia de estas cualidades como lo es de poseer sus contrarios, pues usted no tiene su conciencia presente como resultado de su mundo. Al contrario, su mundo es lo que es a causa de su conciencia presente. Simple, ¿verdad? Demasiado simple para la mente humana que siempre trata de complicarlo todo.

Pablo dijo de éste principio, "es para los griegos (o la sabiduría de éste mundo), estupidez; y para los judíos (o los buscadores de señales), la piedra de estorbo"; con el resultado de que el hombre permanece andando en la oscuridad en vez de despertar al magno ser que él es. El hombre, que siempre ha adorado las imágenes de su propia creación, encontrará que ésta revelación es una blasfemia, ya que sus conceptos de un Dios aparte de sí mismo siempre pululan muerte. Esta revelación traerá el conocimiento de que "Yo y mi Padre somos uno, pero mi Padre es más grande que Yo". Usted es uno con su actual concepto de usted mismo. Pero usted es siempre más grande que aquello de lo cual es conciente de ser.

Antes de que el hombre intente transformar su mundo debe afirmar la base – "YO SOY el Señor". Es decir, la conciencia del hombre, su CONCIENCIA DE SER es Dios. Hasta tanto esto sea firmemente establecido de manera que ninguna circunstancia ni sugerencia externa lo hagan estremecer, el hombre se hallará retornando a la esclavitud de las creencias anteriores. "Si no crees que YO SOY El, morirás en tus pecados". Es decir continuarás confundido y en estado de fracaso hasta que encuentres la causa de la confusión. Cuando usted haya entronizado al hijo del hombre, entonces usted sabrá que YO SOY él, o sea que yo, Juan Pérez, nada hago por cuenta propia, sino que lo hace mi padre, o ese estado de conciencia con el que ahora soy uno es el que hace la obra.

Cuando se toma conciencia de lo anterior, cualquier necesidad o deseo que nace en el interior encuentra su expresión en el mundo externo. "Yo estoy a la puerta y llamo. Si algún hombre oye mi voz y abre la puerta, entraré en él, y juntos apuraremos la copa". El "Yo" que toca a la puerta es el deseo del hombre.

La puerta es su conciencia. Abrir la puerta es convertirse en uno con aquél que está tocando, SINTIÉNDOSE uno mismo como ya siendo la cosa o circunstancia deseada. Sentir que un deseo propio es imposible de lograr es cerrar la puerta y negarle la entrada al deseo. Elevar el estado de conciencia hasta la naturaleza de lo que se desea, es abrir la puerta de par en par e invitar a entrar al deseo hasta su manifestación externa.

Por esto es que constantemente se nos recuerda que Jesús dejó el mundo de la manifestación y ascendió hasta su padre. Jesús, tanto como usted o yo, encontraba que para "Jesús" nada era posible, en cuanto hombre. Pero habiendo encontrado que su padre era su estado de conciencia de las cosas deseadas, dejó a un lado su "conciencia Jesús" y elevó su estado de conciencia al de lo deseado y permaneció allí hasta hacerse uno con él. Y cuando se hizo uno con él, llegó a ser su expresión en la forma.

Este es el mensaje simple de Jesús para el hombre: los hombres sólo somos encarnaciones temporales del ser impersonal, YO SOY, la presencia que los hombres llaman Dios, que mora en nuestro cuerpo. Los cuerpos tienen ciertas limitaciones. Para trascender esta limitaciones y poder manifestar aquello que, como hombre – Juan Pérez, usted es incapaz de hacer, usted debe apartar su atención de sus limitaciones actuales, o el concepto Juan Pérez de sí mismo, y fundirse con el sentimiento de SER aquello que desea. La forma como ésta nueva conciencia haya de manifestarse, nadie la conoce, pues pertenece al reino de lo inmanifestado, donde no existen causas anteriores. Nunca trate de especular o pensar en cómo su nuevo estado de conciencia ha de ser encarnado, pues ningún ser humano es suficientemente sabio para saberlo. La especulación o la duda son pruebas de que usted en realidad no ha alcanzado la naturaleza de lo que desea, y esto le llena de temores sobre su realización.

PREGUNTAS Y RESPUESTAS DE REFLEXIÓN

1. ¿Cuál es el significado de la frase "YO SOY EL QUE SOY"?

- Respuesta: Esta frase enfatiza el poder de la autoconciencia y el potencial ilimitado de la conciencia. Al decir "YO SOY", estás reconociendo tu existencia y tu capacidad de encarnar cualquier estado deseado. Significa que tu conciencia de ser es la fuente de toda creación y experiencia.

-

2. ¿Por qué no se puede "echar vino nuevo en odres viejos" según este capítulo?

- Respuesta: Esta metáfora ilustra que para abrazar un nuevo estado de conciencia, debes dejar atrás el anterior. Debes dejar atrás tus creencias, miedos y limitaciones actuales. No puedes llevar el equipaje de tu yo anterior a una nueva realidad. Para experimentar la transformación, necesitas liberarte del apego a tu pasado y abrirte a una nueva forma de ser.

-

3. ¿Cómo se "nace de nuevo" como se describe en esta parte?

- **Respuesta:** Nacer de nuevo implica desprenderse de la identidad actual, que está ligada a las limitaciones presentes, y adoptar una nueva conciencia que se alinee con los propios deseos. Significa dejar atrás el antiguo yo y encarnar un nuevo estado de conciencia, tal como uno podría adoptar una nueva identidad que refleje el estado de ser deseado.

-

4. ¿Qué sugiere el capítulo acerca de intentar cambiar el mundo destruyendo cosas?

- **Respuesta:** El capítulo enseña que tratar de cambiar el mundo atacando las circunstancias externas es inútil, ya que el mundo exterior es simplemente un reflejo de la conciencia interior. Para cambiar el mundo, primero hay que cambiar la conciencia. Destruir cosas externas es como romper un espejo para cambiar el reflejo: no funciona. La transformación debe venir desde dentro.

-

5. ¿Cuál es la importancia de revalorizarse?

- **Respuesta:** Revalorizarse significa reconocer el poder y el valor innatos. La historia de los israelitas, que se veían a sí mismos como saltamontes en la tierra de los gigantes, ilustra cómo la autopercepción moldea la realidad. Si te ves pequeño o insignificante, así es como te tratará el mundo. Cuando elevas tu autoestima y te ves poderoso, el mundo externo se ajusta en consecuencia.

-

6. ¿Qué significa "Yo soy el buen pastor"?

- **Respuesta:** En este contexto, el "buen pastor" representa tu conciencia de ser, guiando y determinando lo que experimentas en la vida. Tu conciencia (el pastor) guía y da forma a tu realidad (las ovejas). Todo lo que eres consciente de ser, lo atraes a tu vida. Por lo tanto, debes cultivar la conciencia de las cualidades que deseas, ya que estas te "seguirán".

-

7. ¿Por qué es importante tomar conciencia de ser grande, rico y saludable?

- **Respuesta:** Es importante tomar conciencia de estas cualidades porque tu conciencia moldea tu realidad. Si cultivas una mentalidad que se alinea con la grandeza, la riqueza y la salud, estos atributos se manifestarán en tu vida. No es más difícil adoptar esta conciencia que mantener una de carencia o limitación. Tu mundo refleja tu estado interior, así que al encarnar cualidades positivas, las invitas a tu experiencia.

-

8. ¿Por qué el hombre complica principios simples, según el capítulo?

- **Respuesta:** El hombre complica los principios simples porque la sabiduría del mundo a menudo rechaza las ideas que son sencillas o desafían las creencias establecidas. El concepto de utilizar la conciencia para dar forma a la realidad es visto como una "tontería" para quienes buscan explicaciones intelectuales o señales físicas. Como resultado, las personas permanecen atrapadas en su comprensión limitada en lugar de despertar a la verdad simple pero profunda de su propio poder.

-

9. ¿Qué significa que "Yo y mi Padre somos uno, pero mi Padre es mayor que yo"?

- **Respuesta:** Esta frase significa que tu identidad actual (el "yo") es una con tu conciencia más profunda (el "padre"). Mientras seas uno con tu concepción actual de ti mismo, tu conciencia es mayor que cualquier identidad o limitación específica que tengas. Esta conciencia mayor tiene el poder de trascender tu estado actual y generar nuevas realidades.

-

10. ¿Cómo puedes "abrir la puerta" a tus deseos?

- **Respuesta:** Abres la puerta a tus deseos alineando tu conciencia con la sensación de que ya eres lo que deseas. El "golpe" en la puerta representa el impulso o deseo que hay en tu interior. Cuando sientes que tu deseo ya se ha realizado, lo invitas a entrar en tu realidad. La duda o la incredulidad "cierran la puerta" e impiden que se produzca la manifestación.

-

11. ¿Qué sugiere el capítulo acerca del "cómo" de la manifestación?

- **Respuesta:** El "cómo" de la manifestación está más allá de la comprensión humana y no debería ser una preocupación. Tu trabajo es alinear tu conciencia con tu deseo, no averiguar cómo se hará realidad. Especular sobre el "cómo" indica duda y perturba el proceso de manifestación. La conciencia recién adquirida encontrará su propia manera de encarnarse en tu vida.

-

12. ¿Qué significa "dejar atrás la "conciencia de Jesús" y elevarse en conciencia al estado deseado"?

- Respuesta: Esto significa abandonar tu identidad actual (simbolizada por Jesús como el hombre) y ascender a un estado de conciencia superior que se alinee con tu deseo. Jesús representa las limitaciones del ser físico, mientras que "ascender" significa adoptar una mayor conciencia en la que todas las cosas son posibles. Cuando abrazas plenamente esta nueva conciencia, se convierte en tu realidad.

CUARTA PARTE

Nos ha sido dicho: "el que carece de sabiduría, que le pida a Dios, quien da abundantemente, y a nadie reprime; y tal le será dada. Pero que pida sin ninguna duda, pues aquel que duda es como una ola del mar que es arrastrada y batida por los vientos.

Nadie que de tal manera sea recibirá lo que pida del Señor". Usted ya sabe porqué se ha hecho tal aseveración, pues sólo sobre la roca de la fe pueden los deseos establecerse con firmeza. Si usted no tiene la conciencia de lo que desea, aún carece de la roca firme para plantar la manifestación.

Una prueba de esta conciencia firmemente establecida se nos da en las palabras "Gracias, padre". Cuando usted llega al gozo del agradecimiento en el grado en que se siente agradecido por haber recibido lo que aún no es detectado por sus sentidos, es muestra de que definitivamente ha llegado a ser uno en conciencia con aquello por lo cual da las gracias. Dios, su CONCIENCIA DE SER, no puede ser burlado. Usted siempre está recibiendo aquello de lo que es conciente de ser, y nadie da gracias por algo que no ha recibido. "Gracias, Padre", no es, como se usa actualmente por muchos, una especie de fórmula mágica. Usted nunca necesita pronunciar en voz alta las palabras "Gracias, Padre". Aplicando los principios que hemos aprendido, si usted realmente ha elevado su conciencia al nivel de ser uno con lo deseado, habrá en su interior un sentimiento de gozo y agradecimiento, siempre interno, que no necesita la expresión hablada. Usted ya ha aceptado el regalo que era tan solo un deseo antes de la elevación de su conciencia, y su fe es ahora la sustancia que ha de vestir a su deseo.

La elevación de la conciencia es el matrimonio espiritual en el que dos acuerdan ser uno solo y su imagen y semejanza es establecida en la tierra.

"Todo lo que pidas en mi nombre te lo daré". "Todo" es ilimitado. Es incondicional. No importa si la sociedad lo ve como algo bueno o malo, si usted lo ha pedido, le será dado. ¿Realmente lo quiere? ¿Es ese su deseo verdadero? Esto es lo único necesario. La vida le dará todo lo que pida "en su nombre".

"Su nombre" no es una palabra que se pronuncie con los labios. Usted puede pasarse la vida rogando en el nombre de Jesús, de Jehová, de Dios, y será en vano. "Nombre" quiere decir "naturaleza". Así, cuando usted pide en la naturaleza de alguna cosa, el resultado siempre es asegurado. Pedir en el nombre de…, es elevar la conciencia y llegar a ser uno con lo deseado, elevar la conciencia a la naturaleza de lo deseado, y así usted será la expresión de ello. Por tanto, "Todo lo que pidieres en oración, creyendo que ya lo has recibido, lo recibirás".

Orar, como lo hemos visto antes, es un reconocimiento, hecho en primera persona y en tiempo presente. Significa que usted debe estar en la naturaleza de lo pedido, antes de que lo pueda recibir.

Para entrar en la naturaleza de lo pedido fácilmente, se precisa de una "amnistía" general. Se nos ha dicho: "Perdona si tienes algo contra alguien, para que también tu padre, que está en los Cielos, pueda perdonarte. Mas si no perdonas, tampoco tu padre de los Cielos ha de perdonarte". Esto parece ser dictaminado por un Dios personal que se complace o se disgusta con las acciones de los hombres, pero no es así.

La conciencia, que es DIOS, si usted mantiene en su conciencia algo contra alguien, usted está amarrando esa condición a su mundo. Liberar al hombre de toda condenación es liberarse usted mismo para que así pueda elevar su nivel de conciencia. No hay, entonces, condenación a los que están en Cristo.

Una buena práctica, entonces, antes de entrar en sus meditaciones, es liberar mentalmente (y en sentimiento) a todo ser en el mundo de sus condenaciones. La ley nunca puede ser violada y usted puede tener la seguridad de que todo concepto humano de sí mismo será recompensado. Usted no tiene que preocuparse sobre si alguien recibe o no lo que usted cree que debería recibir. La vida no comete errores y siempre da al hombre lo que primero el se da a sí mismo.

Esto nos trae a uno de los predicamentos de la Biblia de los que más se ha abusado. El del diezmo. Predicadores de toda clase han esclavizado al hombre con su negocio del diezmo, por no conocer ellos mismos la naturaleza real del mismo, y estar con el temor de la escasez; así han llevado a sus seguidores a creer que es indispensable dar la décima parte de sus ingresos para el Señor. Y dicen que cuando uno da esa décima parte de los ingresos para la organización, se lo está dando al Señor (está diezmando). Pero recuerden, YO SOY el Señor. Su CONCIENCIA DE SER es el Dios al que usted le da y usted nunca da de ésta manera.

Cuando usted proclama ser algo, usted ha dado esa proclama o cualidad a Dios. Y su CONCIENCIA DE SER, que no hace reconocimiento especial de personas, le devolverá en abundancia mayor, amasada, y desbordante la cualidad o atributo que usted ha reclamado para sí mismo.

La CONCIENCIA DE SER es algo que nunca se puede nombrar. Proclamar que Dios es abundante; que es grande; que es el amor; que es sabio, es definir aquello que no puede ser nombrado. Porque Dios es lo que nunca puede ser mencionado (la palabra disminuye y limita)

Diezmar es necesario y usted diezma con Dios. Pero de ahora en adelante, dé al único Dios y véase como diezmándole las cualidades Suyas que usted quiere manifestar en la tierra, sean salud, riqueza, abundancia, amor, sabiduría…

Nunca especule sobre cómo han de manifestarse estas cualidades o peticiones, porque la vida conoce maneras de las que usted, como hombre, no tiene ni idea. Todas sus maneras hacen referencia a lo manifestado en el pasado. Pero, le aseguro, el día en que usted reclame estas cualidades con total convicción, sus clamores serán correspondidos. Nada de lo que hay escondido quedará escondido. Lo que se proclama en el silencio será voceado a viva voz. Vale decir, sus convicciones secretas sobre usted mismo, esas que nadie conoce, cuando se cree verdaderamente en ellas, serán proclamadas desde la cubiertas de las casas, para que todos las conozcan. Pues sus convicciones sobre usted mismo son las órdenes de Dios en su interior, palabras que son espíritu y no pueden retornar vacías sino que han de retornar multiplicadas a quien las envió.

Usted está en este preciso momento llamando desde el infinito todo aquello de lo que usted es conciente de ser. Y ninguna palabra ni convicción fallará en encontrarlo.

PREGUNTAS Y RESPUESTAS DE REFLEXIÓN

1. ¿Cuál es el significado de pedir con fe y sin dudar, como se describe en este capítulo?

- **Respuesta:** El capítulo enfatiza que la fe es esencial para la manifestación. La duda, como una ola sacudida por el mar, debilita el fundamento para recibir algo. Si no tienes conciencia de lo que deseas, no tienes ningún fundamento sobre el cual establecerlo. La fe crea ese fundamento al alinear tu conciencia con el resultado deseado.

-

2. ¿Por qué es importante la gratitud o decir "Gracias Padre" en este proceso?

- **Respuesta:** La gratitud es una señal de que has aceptado plenamente y en conciencia el resultado que deseas. Al sentirte agradecido, afirmas que ya has recibido lo que estás pidiendo, aunque todavía no se haya manifestado físicamente. Esta acción de gracias interior es un poderoso acto de fe que te conecta con tu deseo y solidifica su manifestación.

-

3. ¿Qué significa pedir "en su nombre"?

- **Respuesta:** Pedir "en su nombre" significa elevarse en conciencia para volverse uno con la naturaleza de lo deseado. No se trata de invocar verbalmente un nombre sino de encarnar las cualidades o la naturaleza de tu deseo. Cuando asumes la conciencia de lo que quieres, te alineas con su expresión en tu vida.

-

4. ¿Cómo se describe la oración en este capítulo y cuál es su propósito?

- **Respuesta:** La oración se describe como el reconocimiento o aceptación de tu estado deseado. Debes creer que ya posees lo que estás pidiendo. La oración es una forma de alinear tu conciencia con tu deseo y sentir que ya lo has recibido, lo cual es esencial para qué se manifieste.

-

5. ¿Por qué es crucial el perdón antes de entrar en meditación u oración?

- **Respuesta:** El perdón es esencial porque albergar sentimientos o juicios negativos contra los demás te ata a un estado de conciencia inferior. Al liberarte de toda condena y perdonar a los demás, te liberas para elevarte a niveles de conciencia superiores. El perdón te permite experimentar tus deseos sin el peso emocional del rencor o el resentimiento.

-

6. ¿Cuál es el verdadero significado del diezmo según este capítulo?

- **Respuesta:** El diezmo, en este contexto, no consiste en dar una parte de tus ingresos a una organización, sino en dar cualidades a Dios (tu conciencia de ser). Cuando afirmas que eres algo (rico, sabio, amoroso), estás dando esa cualidad a tu conciencia, y esta regresará a ti multiplicada. El diezmo consiste en alimentar tu conciencia con cualidades y atributos positivos.

-

7. ¿Por qué el capítulo enfatiza que no debemos especular sobre "cómo" se manifestarán nuestros deseos?

- **Respuesta:** El capítulo desaconseja la especulación porque el "cómo" está más allá de la comprensión humana. Tu papel es concentrarte en reclamar y encarnar tu deseo en la conciencia, mientras que la manifestación ocurrirá naturalmente en formas que no se pueden predecir. Especular sobre el proceso introduce dudas e interrumpe el flujo de la fe y la convicción.

-

8. ¿Qué significa que "no hay nada encubierto que no haya de ser descubierto"?

- **Respuesta:** Esta frase significa que tus convicciones y creencias internas se manifestarán inevitablemente en tu mundo exterior. Lo que consideras verdadero en secreto (dentro de tu conciencia) se expresará abiertamente en tu vida. Tu estado interno no puede permanecer oculto; con el tiempo se revelará en tu realidad externa.

-

9. ¿Cómo actúa la conciencia como "causa" de todo en tu vida?

- Respuesta: Tu conciencia, o percepción de ser, es la creadora de tus experiencias. Todo aquello de lo que seas consciente, ya sea riqueza, salud o carencia, se reflejará en tu vida. Tu mundo exterior es siempre un espejo de tu estado interior. Por lo tanto, al cambiar tu conciencia, cambias tu realidad.

-

10. ¿Cuál es la importancia de la convicción a la hora de reivindicar cualidades propias?

- Respuesta: La convicción es el punto en el que realmente crees en las cualidades o atributos que deseas encarnar. Cuando afirmas algo con convicción, tu conciencia lo acepta como verdad y se manifestará en tu vida. Sin convicción, tus afirmaciones carecen del poder de materializarse.

PARTE QUINTA

"YO SOY la vid y ustedes la ramas". La conciencia es la "vid", y las cualidades de las cuales usted es actualmente conciente, son como "ramas" que usted alimenta y mantiene vivas. Así como una rama no vive a menos que esté arraigada en la vid, las cosas y circunstancias no viven a menos que usted las alimente siendo conciente de ellas. Así como una rama se marchita y finalmente muere si la savia de la vid deja de fluir hacia ella, las cosas y circunstancias de su mundo pasarán si usted deja de poner su atención en ellas, porque su atención es la savia que las mantiene vivas y las sostiene en actividad de manifestación.

Para disolver un problema que hoy se encuentra en las apariencias de su vida, todo lo que hay que hacer es quitar su atención de él. Independientemente de lo que digan sus cinco sentidos, retire su conciencia del problema. Sea indiferente y empiece a sentirse exactamente como se sentiría si la solución ya hubiera aparecido.

Por ejemplo, si usted está en prisión, nadie tiene que decirle que desee la libertad. La libertad, o mejor, el deseo de libertad, nacerá espontáneamente. Entonces, quite su atención del hecho de estar en prisión y comience a sentirse libre. SIENTALO hasta el punto en que sea algo natural, y las barras de la prisión se disolverán. Aplique este mismo principio a cualquier problema.

He visto a muchas personas que estaban endeudadas hasta las orejas aplicar los principios aquí expuestos, remover sus montañosas deudas en un abrir y cerrar de ojos. He visto a muchos desahuciados por sus médicos, apartar su atención del problema de salud y empezar a sentirse perfectamente bien sin importar las circunstancias externas, y de pronto retornando a estados óptimos de salud.

Su respuesta a "¿Quién dicen ustedes que YO SOY?" siempre determina lo que se proyecta en su vida. En la medida en que usted sea conciente de estar aprisionado o enfermo, o pobre, en esa medida continuará experimentando esos estados en su realidad.

Cuando el hombre se de cuenta de que él es ahora aquello que está buscando y comience a proclamarlo con convicción, tendrá las pruebas de su clamor. La evidencia se da en las palabras, "¿A quién buscan?", y ellos contestaron: "A Jesús"; él entonces les dijo. "YO SOY él". "Jesús" aquí significa salvación o salvador. Usted está buscando ser salvado de aquello que no es su problema.

"YO SOY" es quien le salvará. Si usted tiene hambre, su salvador es la comida. Si está en pobreza, las riquezas le salvan. Si está en prisión, la libertad es su salvador. Si está enfermo, no será alguien llamado Jesús quien ha de salvarle, sino la salud. Por tanto, clame "YO SOY él", o en otras palabras, clame que usted es aquello que desea. Clámelo en la conciencia, no con palabras, y la conciencia le retribuirá su clamor. Se nos ha dicho "Me encontrarán cuando me SIENTAN". Pues bien, SENTIR la cualidad en la conciencia hasta que usted SIENTA que es aquello que desea. Cuando usted se pierde en el sentimiento de ser su deseo, la cualidad buscada se manifestará en su mundo.

Usted es sanado de su problema cuando usted toca la solución correspondiente. "¿Quién me ha tocado? Porque he percibido que la virtud ha salido de mí". Sí, el día en que usted toque éste ser dentro de usted, SINTIENDO que ha sido curado o sanado, las virtudes o cualidades correrán a través de su ser y se solidificarán a sí mismas en su mundo para su beneficio y el de los demás.

Se ha dicho, "Si crees en Dios, cree también en mí, porque YO SOY él". Tenga la fe de Dios. "El se hizo uno con Dios y no escatimó hacer las obras de Dios". Vaya usted y haga los mismo!. Sí, empiece a creer en su conciencia, en su CONCIENCIA DE SER, que es Dios. Reclame para usted todos los atributos que hasta ahora usted le ha atribuido a un Dios externo, y empezará a manifestar esos atributos en su vida.

"Porque Yo no soy un Dios lejano. Estoy más cerca de ti que tus manos y tus pies, más cerca que tu propia respiración". YO SOY es su CONCIENCIA DE SER. YO SOY es aquello en lo cual todo lo que tenga conciencia de ser ha de empezar y de terminar. "Porque antes de que el mundo fuera, YO SOY; y cuando el mundo haya pasado, YO SOY; antes que Abraham fuera, YO SOY". Este YO SOY es su propia CONCIENCIA DE EXISTIR.

"A menos que el Señor sea el constructor, su labor será en vano". "El Señor" es su CONCIENCIA DE SER. A menos que lo que usted busca sea primero establecido en su conciencia, su búsqueda será en vano. Todas las cosas deben empezar y terminar en la conciencia.

Por tanto, bendito es el hombre que confía en sí mismo, pues la fe del hombre en Dios ha de medirse por su fe en sí mismo. Si crees en Dios, cree también en MI.

No ponga su confianza en los hombres pues ellos reflejan el ser que usted es, y pueden traerle solo aquello que usted antes ha traído dentro suyo mismo.

Sin importar lo que le ocurra a los hombres en éste mundo, nunca es por accidente. Todo ocurre bajo la guía y directriz de exactas e inmutables leyes.

"Ningún hombre (manifestación), viene a mí a menos que mi padre le envíe. Y Yo y mi Padre somos uno." Crea en ésta verdad, y usted será libre. El hombre siempre ha culpado a otros por aquello que es y le ha sucedido en la vida, y seguirá haciéndolo hasta que encuentre que él es la causa de todo. "YO SOY" no viene a destruir sino a cumplir. "YO SOY", la CONCIENCIA DE SER, que está en usted, nada destruye, sino que siempre llena a plenitud los moldes o conceptos que uno tiene sobre sí mismo.

Es imposible que el hombre pobre alcance la riqueza en este mundo sin importar lo que le rodee, hasta tanto el mismo se proclame SER la riqueza misma. Los símbolos suceden, no preceden. Luchar de una u otra forma constantemente contra las limitaciones de la pobreza mientras se permanece en un estado de conciencia de pobreza, es un hacer un papel estúpido. Los cambios no pueden tener lugar a partir de ese estado de conciencia pues la vida permanentemente está manifestando todos los niveles.

Siga el ejemplo del hijo pródigo. Dése cuenta de que usted, usted mismo produjo su condición de abandono y carencia y tome la decisión dentro de usted, de elevarse a un nivel en el cual las riquezas y comodidades le esperan por derecho propio.

PREGUNTAS Y RESPUESTAS DE REFLEXIÓN

1. ¿Qué significa la frase "YO SOY la vid, vosotros los pámpanos" en relación a la conciencia?

- **Respuesta:** Esta frase ilustra que la conciencia (la "vid") es la fuente de todas las experiencias (las "ramas"). Cualquier cualidad de la que seas consciente se alimenta de esta conciencia, al igual que las ramas dependen de la vid para vivir. Si quitas tu atención de algo, se marchita y muere, lo que significa que tu realidad se moldea y se sostiene según el lugar hacia el que dirijas tu conciencia.

-

2. ¿Cómo puedes disolver un problema cambiando tu conciencia?

- **Respuesta:** Al desviar tu atención del problema y centrarte en la solución deseada, privas al problema de tu conciencia, que es su fuente de vida. Cuando empiezas a sentir que ya has alcanzado la solución, el problema se disuelve. Por ejemplo, en lugar de centrarte en el encarcelamiento, siente la libertad que deseas y ésta se manifestará.

-

3. ¿Cuál es la importancia de afirmar "Yo soy él" en este capítulo?

- Respuesta: Afirmar "Yo soy Él" significa identificarse con la solución que busca. Si desea riqueza, salud o libertad, debe afirmar que ya posee estas cualidades en su conciencia. Al hacerlo, se vuelve uno con la solución y esta se manifestará en su vida. Esta identificación interna es la clave de la transformación.

-

4. ¿Qué papel desempeña el principio del "sentimiento" en la manifestación de los deseos?

- Respuesta: El sentimiento es esencial porque ancla en la conciencia el estado deseado. Cuando sientes que ya eres la persona que quieres ser, te alineas con ese estado y éste comienza a materializarse en tu mundo. El capítulo enfatiza que debes sentirte como la solución a tu problema, ya que los sentimientos preceden a las manifestaciones.

-

5. ¿Qué significa cuando el capítulo dice: "Nadie me quita la vida, yo mismo la pongo"?

- **Respuesta:** Esta afirmación pone énfasis en la responsabilidad personal y en el poder de la conciencia. Ninguna fuerza externa puede imponerte condiciones a menos que primero las permitas o las crees en tu conciencia. Tienes el poder de cambiar tus circunstancias modificando tu conciencia y tus creencias, abandonando tu antigua vida y reclamando una nueva.

-

6. ¿Por qué es importante confiar en uno mismo, como sugiere el capítulo?

- **Respuesta:** Confiar en ti mismo equivale a tener fe en Dios, ya que tu conciencia es la fuente de toda la creación. Cuando confías en tu conciencia de ser y reclamas cualidades positivas para ti, activas el poder interior para dar forma a tu realidad. La fe en ti mismo como creador de tu vida conduce a la confianza en la manifestación de tus deseos.

-

7. ¿Cómo ilustra la historia del hijo pródigo los principios de este capítulo?

- **Respuesta:** El hijo pródigo representa el viaje de la carencia y el derroche a la abundancia al cambiar su nivel de conciencia. Después de darse cuenta de que él mismo provocó su condición, toma la decisión de ascender a un nivel superior, donde lo esperan el "becerro cebado, el anillo y el manto" (símbolos de riqueza y abundancia). La historia muestra que la transformación comienza al reclamar un estado superior de ser.

-

8. ¿Por qué el capítulo advierte contra culpar a otros por nuestras circunstancias?

- **Respuesta:** Culpar a los demás es negar el principio de que tu conciencia crea tu realidad. Hasta que no aceptes que eres la causa de tus propias circunstancias, permanecerás en un ciclo de victimización e impotencia. Cuando comprendas que tu conciencia determina lo que experimentas, recuperarás el poder de cambiar tu vida.

-

9. ¿Qué significa la frase "Las señales siguen, no preceden"?

- **Respuesta:** Esta frase significa que los cambios externos en tu vida sólo seguirán a los cambios en tu estado interno de conciencia. Primero debes reclamar y sentir las cualidades que deseas dentro de ti antes de verlas reflejadas en tu mundo exterior. Intentar cambiar las condiciones externas sin cambiar primero tu conciencia es inútil.

-

10. ¿Cómo el concepto "YO SOY" cumple en lugar de destruir?

- **Respuesta:** "YO SOY", o tu conciencia de ser, no destruye nada, sino que llena los moldes de tu autoconcepción. Todo lo que reclamas en conciencia se llena de vida y se manifiesta en tu realidad. No te quita lo que eres, sino que expande y cumple las ideas que tienes sobre ti mismo.

PARTE SEXTA

No hubo condenación alguna para el hijo pródigo cuando él tuvo el coraje de reclamar su herencia para sí. Los demás nos condenarán sólo mientras nosotros mismos nos sigamos condenando.

A la vida no le interesa si usted se hace llamar rico o pobre; fuerte o débil. Ella eternamente le recompensará con lo que usted reclame como verdadero de sí mismo.

Las medidas de correcto o incorrecto pertenecen solo al hombre. Para la vida nada es correcto o incorrecto. Como dijo pablo a los Romanos, "Sé y he sido persuadido por el señor Jesús que nada hay impuro en sí mismo, pero para aquel que tenga algo en estima de impureza, le será impuro". Deje ya de preguntarse si usted es digno o indigno de recibir aquello que desea. Usted, como hombre, no ha creado el deseo. Sus deseos siempre son implantados en su interior por aquello que ahora usted proclama ser.

Cuando un hombre tiene hambre, automáticamente, sin pensar, desea alimentación. Cuando está en prisión, automáticamente desea libertad. Sus deseos contienen en sí mismos los planes para su auto-expresión.

Abandone entonces todos los juicios y eleve su conciencia hasta el nivel de su deseo y hágase uno con él, proclamando que eso ya es así. "Mi gracia te es más que suficiente. Mi fortaleza se perfecciona en tu debilidad".

Tenga fe en esta afirmación invisible hasta que en su interior tenga la convicción total de que es verdad. Su confianza en su afirmación le recompensará con creces. Sólo un poco más, y lo deseado se ha de manifestar. Pero sin fe es imposible realizar alguna cosa. Fue por la fe que los mundos se estructuraron, pues "la fe es la sustancia de que están hechas las cosas que se esperan, la evidencia de las cosas aún no vistas".

No esté ansioso o preocupado por los resultados. Ellos llegarán, tan seguro como el día sigue a la noche.

Mire sus deseos, todos ellos, como la palabra hablada de Dios, y cada palabra o deseo como una promesa. La razón por la cual la mayor parte de nosotros fallamos en realizar nuestros deseos es que constantemente les estamos poniendo condiciones. No los condicione. Acepte las cosas como le llegan en el curso de la vida. Dé gracias por ellos hasta el punto en que usted sienta de antemano la gratitud por haberlos recibido, y siga su curso en paz.

Tal aceptación de su deseo es como sembrar una semilla fértil en un terreno adecuadamente preparado. Pues cuando usted puede dejar caer lo deseado en la conciencia, confiando en que habrá la manifestación, usted ha hecho todo lo que de usted se espera. Pero, estar preocupado o ansioso sobre el COMO su deseo ha de madurar, es sembrar las emillas fértiles en un desierto mental y, por tanto, nunca dejarlas caer en el terreno de la confianza.

Una razón por la cual los hombres condicionan sus deseos es que permanentemente están juzgando según la apariencia actual de las cosas y las ven tan reales, olvidando que la única realidad es la conciencia que hay tras ellas.

Ver las cosas tan reales es negar que todas las cosas son posibles para Dios. El hombre que está en prisión y mira sus cuatro paredes como su realidad, automáticamente niega el deseo de libertad que es la promesa de Dios implícita.

A menudo, cuando se hacen estas afirmaciones, surge una pregunta; si los deseos personales son regalos que Dios quiere hacernos, ¿cómo puede decir que si alguien quiere matar a un hombre ese deseo es bueno y ha sido enviado por Dios? En respuesta a esto, déjeme decirles que en realidad ningún hombre quiere matar a otro. Lo que él desea es liberarse de él. Pero puesto que no cree que su deseo de liberación contiene en sí mismo el poder de liberarlo, él condiciona su deseo y halla que la única forma de expresar la libertad es destruyendo al hombre, olvidando que la vida siempre encapsula dentro de los deseos maneras que él, siendo hombre, no conoce. Sus maneras siempre se remiten al pasado. Así el hombre distorsiona los regalos de Dios por su falta de fe.

Los problemas son los montes de los que se dice que uno puede remover si tan sólo tiene la fe del tamaño de un grano de mostaza. Los hombres tradicionalmente encaramos los problemas como aquella dama que, tras oír la predicación del sacerdote sobre el asunto ("si tuvieres fe al menos del tamaño de un grano de mostaza, le podrías decir al monte "quítate de ahí" y el se quitaría""), se duerme en lo que ella pensaba era fe. Y a la mañana siguiente, tras abrir la ventana, ve el monte y exclama: "Sabía que esa vieja montaña seguiría allí".

Y es que así es como los humanos encaramos los problemas, sintiendo que aún estarán presentes para confrontarlos. Y ya que la vida no discrimina entre personas y nada destruye, sigue manteniendo con vida aquello que está en la conciencia del ser.

Las cosas y circunstancias indeseables desaparecerán sólo en la medida en que el hombre haga un cambio en su conciencia. Niéguelo, si quiere, pero nunca podrá demostrar lo contrario al hecho de que la conciencia es la única realidad y las cosas sólo sombras de lo que usted es en su conciencia. El estado celestial que usted está buscando sólo lo podrá encontrar en la conciencia, pues el reino del cielo está en su interior. Ya que la voluntad del cielo siempre se hace en la tierra, usted está en éste momento viviendo en el cielo que usted mismo ha establecido en su interior. Pues ahora mismo en la tierra su cielo se revela a sí mismo. El reino del cielo, en realidad, está a la mano. AHORA es el tiempo aceptado. Cree, entonces, un nuevo cielo, entre en un nuevo estado de conciencia y aparecerá una nueva tierra.

"Las cosas vejas pasarán. No serán recordadas ni vendrán a la mente nunca más. Porque, observen, Yo, (su conciencia), vengo rápido y mi recompensa está conmigo".

YO SOY innombrable pero cargaré sobre mí cualquier nombre o naturaleza que usted me de. Recuerde que es usted, usted mismo, el que habla como "mí". En consecuencia, cualquier concepto que usted tenga sobre sí mismo, es decir, cualquier concepto profundo, es lo que se manifestará como realidad, pues YO SOY no engañado, Dios no es burlado.

Ahora, déjeme instruirle sobre el arte de pescar. Se dice que los discípulos estuvieron pescando toda la noche y no cogieron nada. Entonces Jesús entró en escena y les dijo que echaran nuevamente sus redes en las mismas aguas en que habían fracasado anteriormente, y esta vez las redes estuvieron repletas de peces.

Esta historia está teniendo lugar en el mundo actual dentro de usted, el lector. Pues usted tiene dentro de sí mismo todos los elementos necesarios para ir de pesca. Pero hasta tanto no encuentre que Jesús Cristo, que es su CONCIENCIA DE SER, es el Señor, su pesca será, como la de los discípulos, en la oscuridad de la noche humana. Es decir, usted saldrá a pescar COSAS pensando que las cosas son reales y lo hará con herramientas humanas, que requieren lucha y esfuerzo, tratando de contactar a éste o aquél; tratando de presionar a una persona o a otra; y todo éste esfuerzo será en vano. Pero cuando usted encuentre que su CONCIENCIA DE SER, su YO SOY es el Cristo Jesús, usted le dejará a él dirigir la pesca. Porque su deseo, cualquiera que él sea, será el pez que usted agarre, ya que su conciencia es la única realidad viviente y usted pescará cada vez en aguas más profundas de la conciencia.

Si usted quiere alcanzar aquello que se encuentra por encima de sus capacidades actuales, debe ir hacia aguas mas profundas ya que, en su baja profundidad de conciencia actual, esos peces no pueden nadar. Para ir a aguas mas profundas, debe abandonar todos sus problemas actuales, sus limitaciones, y apartar su ATENCION de ellos. Déle por completo la espalda a todo problema y limitación que tenga ahora.

Sumérjase en SER diciendo "YO SOY", "YO SOY", "YO SOY", para sus adentros. Siga declarándose que usted simplemente ES. No condicione esta declaración, siga hasta SENTIRSE siendo, y sin aviso alguno se hallará elevando el ancla que le amarraba a la sombra de sus problemas y moviéndose a mayores profundidades de conciencia.

Esto normalmente se acompaña con la sensación de expansión. Usted se sentirá como expandiéndose, como si estuviera ahora mismo creciendo. No tema, se necesita coraje. Usted no va a morir a nada por sus limitaciones anteriores, sino que esas limitaciones morirán y usted las abandonará, pues ellas sólo viven en su conciencia. En esta conciencia profunda o expandida usted se encontrará con que es un poder que ni había soñado o imaginado anteriormente.

Las cosas y circunstancias deseadas antes de que usted abandonara las riberas de la limitación son los peces que ahora pescará en las profundidades de las aguas. Debido a que usted ha perdido toda conciencia de barreras y limitaciones, ahora es de lo más fácil del mundo SENTIR que usted es uno con lo deseado.

Ya que YO SOY (su CONCIENCIA DE SER) es la resurrección y la vida, usted debe amarrar este poder de resurrección que usted es a las cosas y/o circunstancias deseadas si usted realmente quiere que aparezcan en su experiencia de vida. Ahora, usted empieza a asumir la naturaleza de lo deseado a través de sentir "YO SOY saludable", "YO SOY abundante", "YO SOY libre", "YO SOY fuerte", etc. Cuando estos SENTIMIENTOS se establezcan con firmeza en su conciencia, su ser informe tomará para sí la forma de lo sentido. Usted se "crucifica" en los sentimientos de salud, libertad, abundancia, prosperidad, fortaleza. Y permanece "sepultado" en la quietud de esas convicciones. Luego, como ladrón en la noche, y cuando menos lo espere, estas cualidades resucitarán en su mundo como realidades vivientes.

El mundo le tocará y verá que usted es de carne y sangre pues usted comenzará a dar abundante fruto según las cualidades de las que ahora se ha apropiado.

Este es el arte de la pesca exitosa de las manifestaciones de la vida.

La realización exitosa de las cosas deseadas se nos cuenta también en la historia de Daniel en la jaula de los leones. Allí, se dice que Daniel, estando rodeado por los leones, les dio la espalda y alzó su mirada hacia la luz que venía de arriba; que los leones permanecieron impotentes y la fe de Daniel en Dios lo salvó.

Esta es también su historia, y debe hacer lo mismo que hizo Daniel. Si se encuentra en una jaula de leones (sus problemas económicos, de salud, de relaciones), la lógica humana dice que no hay otra alternativa que estar pendiente de los leones, quizás ser devorado por ellos.

Daniel les dio la espalda y volvió su mirara a la luz, que es Dios. Si seguimos el ejemplo de Daniel, mientras estamos aprisionados por la escasez, las deudas, las enfermedades, démosle la espalda y hagámonos uno en sentimiento con lo que buscamos en la vida.

Si en nuestra conciencia le damos la espalda a los problemas y permanecemos en la fe, creyendo y sintiendo que ya somos aquello que deseamos, las paredes de nuestra prisión se abrirán y lo deseado, "cualquier cosa", se realizará.

Otra historia tiene que ver con una viuda y tres medidas de aceite; el profeta le preguntó a la viuda "¿Qué tienes en tu casa?". Ella contestó: "Tres medidas de aceite". Él entonces le dijo: "Toma los barriles. Cierra la puerta cuando hayas regresado a casa, y empieza a llenarlos". Y, partiendo de tan solo tres medidas de aceite, ella llenó por completo los barriles vacíos, hasta más allá de su capacidad, derramando aceite que sobraba.

Usted, el lector, es ésta viuda. No tiene un esposo que la impregne o la haga fructífera, pues una viuda está en un estado infértil. Su CONCIENCIA DE SER es ahora el Señor o profeta que se ha convertido en su esposo.

Siga el ejemplo de la viuda, quien en vez de reconocer su carencia o escasez reconoció y usó lo poco, las tres medidas de aceite.

Después está el comando "Entra y cierra la puerta"; es decir, cancela la evidencia dada por los cinco sentidos que le quieren advertir sobre deudas, carencias, problemas…

Cuando usted ha retirado su atención por completo cancelando la evidencia de los sentidos, comienza a SENTIR el gozo (simbolizado por el aceite), de haber recibido las cosas deseadas. Cuando se establece tal acuerdo en su interior de manera que dudas y temores han desaparecido, entonces, usted también llenará todas las medidas vacías de su vida y tendrá en tal abundancia como para dar a otros.

Reconocer es el poder que obra la magia en el mundo. Todos los estados que usted anteriormente ha reconocido, los ha encarnado (¿o no?). Lo que usted está reconociendo como verdadero en usted hoy es lo que está experimentando. Sea, entonces, como la viuda, y reconozca el gozo, sin importar qué tan pequeño sea el reconocimiento al principio, y será entonces generosamente recompensado, con la magnificación de todo aquello que usted es conciente de ser.

"YO SOY el Señor Dios, que te sacó de la tierra de Egipto, y te apartó de la esclavitud; no tendrás otros dioses delante de mí". ¡Qué gloriosa revelación, su CONCIENCIA DE SER, ahora es revelada como Dios el Señor! Vamos, despierte de su sueño de estar en prisión. Dése cuenta de que la tierra es suya, "y por tanto la plenitud, el mundo, y todo lo que en él habita".

Usted está tan atrapado en la creencia de que usted es un hombre, que ha olvidado el glorioso ser que es. Ahora, con su memoria restablecida, DECRETE que lo no visto aparezca y aparecerá, pues todas las cosas están diseñadas para responder a la Voz de Dios, que es su propia CONCIENCIA DE SER – El mundo está A SU SERVICIO!!!

PREGUNTAS Y RESPUESTAS DE REFLEXIÓN

1. ¿Qué significa que "a la vida no le importa si te llamas rico o pobre"? ¿Cómo influye esto en nuestra percepción de la realidad?

- **Respuesta:** Esta afirmación sugiere que la vida es neutral e imparcial, y que manifiesta todo lo que consideramos verdadero de nosotros mismos. Si nos consideramos pobres o indignos, la vida nos refleja eso. Esto implica que nuestra conciencia, no las circunstancias externas, determina nuestra experiencia. Al cambiar nuestra autopercepción, cambiamos lo que la vida refleja.

-

2. ¿Cómo podemos aplicar el principio de no "condicionar" nuestros deseos en la vida diaria?

- **Respuesta:** Evitar condicionar nuestros deseos significa dejar de lado el "cómo" y confiar en que lo que deseamos se hará realidad sin imponer límites ni restricciones sobre cómo se manifestará. Practicamos esto visualizando nuestros deseos cumplidos y sintiendo gratitud por ellos como si ya se hubieran realizado, en lugar de preocuparnos por resultados específicos o caminos para lograrlos.

-

3. ¿Por qué es importante "darle la espalda por completo a todo problema y limitación"? ¿Cómo se relaciona este concepto con la fe?

- **Respuesta:** Esto enseña que enfocarnos en los problemas los mantiene vivos en la conciencia, mientras que desapegarnos de ellos nos permite pasar a un estado superior del ser. La fe entra en juego al creer que, a medida que nos enfocamos en un nuevo estado (como la libertad o la abundancia), nuestras antiguas limitaciones se disuelven naturalmente. Se trata de confiar en lo invisible en lugar de validar constantemente lo visible.

-

4. En la analogía de la pesca, ¿cómo se aplica el concepto de "lanzarnos a aguas más profundas" a la transformación personal?

- **Respuesta:** "Lanzarse a aguas más profundas" simboliza salir de nuestra zona de confort y explorar niveles más profundos de conciencia donde existen mayores posibilidades. Es una metáfora de expandirnos más allá de nuestras limitaciones actuales e imaginar lo que es posible al adoptar nuevas creencias sobre nosotros mismos. Esta inmersión profunda es necesaria para "atrapar" los deseos que parecen fuera de nuestro alcance.

-

5. ¿Qué lección se desprende de lo que dijo Daniel en el foso de los leones? ¿Cómo podemos aplicarla en situaciones difíciles?

- **Respuesta:** La historia de Daniel enfatiza el poder de la concentración y la fe. Al apartar su atención de los leones (los problemas) y dirigirla hacia la luz (su conciencia superior), salió ileso. De manera similar, en situaciones difíciles, concentrarse en la solución o el resultado deseado en lugar de en el problema nos ayuda a superar las dificultades sin que nos consuman.

-

6. ¿Cuál es el significado de la historia de la viuda con el aceite? ¿Cómo podemos usarla como metáfora de la manifestación?

- **Respuesta:** La historia de la viuda muestra que incluso una pequeña cantidad de reconocimiento (simbolizada por las tres gotas de aceite) puede expandirse para satisfacer todas las necesidades. Cuando cerramos la puerta a los sentidos externos y nos centramos en la alegría de recibir, nuestra conciencia multiplica lo que reconocemos. Enseña que incluso en momentos de carencia, reconocer la abundancia en nuestro interior puede conducir a su manifestación externa.

-

7. ¿Cómo influye la frase "el mundo es un espejo aumentado" en nuestra comprensión de la manifestación?

- **Respuesta:** Esta frase ilustra que el mundo simplemente refleja lo que somos conscientes de ser. Si nos vemos abundantes, alegres o libres, el mundo magnifica esas creencias y nos las refleja. Esto enfatiza la idea de que nuestro mundo exterior es un reflejo directo de nuestro estado interior de conciencia.

-

8. ¿Cómo se relaciona el mandamiento "No tendrás dioses ajenos delante de mí" con la conciencia personal y el autoempoderamiento?

- **Respuesta:** Este mandamiento puede interpretarse como un llamado a reconocer que nuestra conciencia (el "YO SOY") es el poder creativo supremo. Al no poner ninguna otra creencia o limitación por encima de nuestra propia conciencia, reconocemos que nuestra conciencia gobierna nuestra realidad. Esta comprensión nos permite dar forma a nuestra experiencia sin cederle poder a las circunstancias externas.

-

9. ¿Qué significa "decretar que aparezca lo invisible"? ¿Cómo se puede aplicar este concepto en la práctica?

- **Respuesta:** "Decretar que lo invisible aparezca" significa reclamar con confianza lo que deseas en tu conciencia antes de que se manifieste físicamente. En la práctica, esto se puede aplicar afirmando que tus deseos ya se han cumplido en tu mente y tus emociones, confiando en que finalmente se materializarán. Se trata de mantenerte firme en la creencia de tu poder para crear, incluso cuando aún no hay evidencia física.

TEMAS CLAVE

LA CONCIENCIA COMO CREADORA DE LA REALIDAD

En A Tus Órdenes, uno de los temas más profundos y recurrentes es el concepto de que la conciencia es la fuerza primaria detrás de toda la existencia. Neville Goddard enfatiza que el estado de conciencia que una persona tiene, a menudo denominado la conciencia "YO SOY", juega un papel crítico en la configuración de las experiencias y circunstancias externas de su vida. Esta idea postula que la realidad que experimentan los individuos no es una serie aleatoria o incontrolable de eventos, sino un reflejo directo de su estado mental interno.

Goddard sostiene que la conciencia que uno mantiene de sí mismo (lo que cree, supone y siente sobre su identidad) determina lo que se manifiesta en su mundo. Si una persona es consciente de su éxito, de su riqueza o de su amor, atraerá naturalmente experiencias que se alineen con esos estados. Por el contrario, si alguien es constantemente consciente de la carencia, el fracaso o la negatividad, esos estados también se materializarán en su vida.

Este principio se reitera a lo largo del texto, subrayando el inmenso poder de la autoconciencia y el uso consciente del pensamiento y el sentimiento. Goddard deja claro que los individuos son los creadores de su realidad, y la conciencia que tienen sirve como modelo para la vida que experimentan. Destaca que el cambio en el mundo externo de uno comienza con un cambio deliberado en la conciencia interna, lo que hace que la autoconciencia sea la clave de la transformación. Al reconocer el papel de la conciencia como creadora de la realidad, Goddard invita a los lectores a asumir la plena responsabilidad de sus vidas, empoderándolos para dar forma activamente a su futuro a través de un enfoque mental y emocional intencional.

-

EL PODER DE LA ASUNCIÓN

En A Tus Órdenes, Neville Goddard presenta el poderoso concepto de "El poder de la asunción", que considera fundamental para manifestar los propios deseos. Según Goddard, asumir la sensación de que el deseo se ha cumplido es el mecanismo clave a través del cual las personas pueden hacer realidad sus aspiraciones. Presenta este concepto como un proceso mediante el cual una persona debe aceptar mental y emocionalmente su deseo como si ya fuera cierto en el momento presente, incluso antes de que se haya materializado físicamente.

Goddard enfatiza que este estado interno de suposición (creer y sentir como si el deseo ya fuera una realidad) conduce inevitablemente a su manifestación en el mundo externo. Insiste en que el mundo externo siempre se ajustará al estado interno de conciencia que una persona mantiene. En este sentido, la suposición del deseo cumplido actúa como una fuerza creativa que atrae el equivalente físico de ese estado interno a la vida de uno.

La frase "sentir es el secreto" resume esta idea, ya que Goddard destaca la importancia de las emociones en el proceso de manifestación. No basta con pensar en un deseo; también hay que sentirlo profunda y constantemente. Esta aceptación emocional, junto con la suposición mental, es esencial para la realización del deseo. Goddard enseña que al alinear los pensamientos y los sentimientos con el resultado deseado, las personas activan el poder creativo de la conciencia, lo que garantiza que sus suposiciones se conviertan en la realidad vivida.

A través de esta enseñanza, Goddard transmite que el secreto de la manifestación no reside en el esfuerzo ni en la lucha, sino en la práctica tranquila y deliberada de asumir el estado del ser que uno desea experimentar. Al encarnar plenamente el sentimiento de tener ya lo que se desea, una persona pone en movimiento las fuerzas necesarias para su expresión final en el mundo físico.

-

LA IMAGINACIÓN COMO FUERZA CREATIVA

En A Tus Órdenes, Neville Goddard hace especial hincapié en el papel de la imaginación como fuerza creativa fundamental detrás de todas las manifestaciones. Según Goddard, la capacidad de la mente humana para visualizar y experimentar emocionalmente un resultado deseado es una herramienta inmensamente poderosa para convertir ese resultado en realidad. Enseña que la imaginación no es simplemente una actividad pasiva de ensoñación, sino más bien un proceso activo y transformador a través del cual los individuos pueden moldear conscientemente sus circunstancias externas.

Goddard afirma que al imaginarse deliberadamente en un escenario o estado de ser específico (ya sea éxito, felicidad, salud o cualquier otra aspiración), una persona planta la semilla para que esa realidad se desarrolle. La intensidad y el compromiso emocional con ese estado imaginado son lo que le da vida y el potencial de manifestarse en el mundo físico. Explica que la imaginación es el puente entre el mundo interno de los pensamientos y los deseos y el mundo externo de la experiencia material. A través del uso repetido e intencional de la imaginación, uno puede alinear su conciencia con el resultado deseado, atrayéndolo así a su vida.

Este concepto de la imaginación como fuerza impulsora de la creación se alinea con muchas ideas modernas en torno a la visualización y la práctica de la manifestación creativa. Así como las enseñanzas contemporáneas sobre la Ley de Atracción alientan a las personas a visualizar sus metas con claridad y emoción, la filosofía de Goddard enfatiza que la mente, a través del poder de la imaginación, actúa como el creador último de la realidad. Sugiere que todo lo que existe en la vida de una persona comenzó como un pensamiento o una visión en su mente, lo que refuerza la idea de que las personas tienen el poder creativo para dar forma a su destino a través del enfoque imaginativo.

En opinión de Goddard, la imaginación no está limitada por las limitaciones del mundo físico, sino que las trasciende y permite a las personas acceder a infinitas posibilidades. Al imaginar constantemente la vida que desean vivir y al hacerlo con convicción y resonancia emocional, las personas pueden convertir sus sueños en una realidad tangible. Este principio de la imaginación como fuerza creativa es uno de los pilares fundamentales de las enseñanzas de Goddard sobre la manifestación y el poder transformador de la conciencia humana.

-

LA INTERPRETACIÓN BÍBLICA COMO VERDAD PSICOLÓGICA

En A Tus Órdenes, Neville Goddard presenta un enfoque distintivo para interpretar la Biblia, proponiendo que sus enseñanzas no deben verse simplemente como narraciones históricas o religiosas, sino más bien como profundas verdades psicológicas. La interpretación de Goddard se aparta de las lecturas religiosas tradicionales y, en cambio, reformula las historias, personajes y frases bíblicas como representaciones simbólicas de la mente y la conciencia humanas.

Según Goddard, la Biblia es un drama psicológico que refleja el funcionamiento interno de cada individuo, en el que cada personaje y acontecimiento representa diferentes aspectos de la conciencia humana. Esta perspectiva le permite presentar las enseñanzas bíblicas como una guía para comprender y dominar los propios estados internos con el fin de influir en el mundo exterior. Por ejemplo, cuando la Biblia habla de la frase "YO SOY", Goddard la interpreta no como una referencia a Dios como entidad externa, sino como una declaración del yo, la verdadera fuente de la creación dentro de cada persona. El "YO SOY" representa la conciencia del individuo y su capacidad de declarar su identidad, lo que, a su vez, configura su realidad.

A través de esta perspectiva psicológica, Goddard transforma pasajes bíblicos bien conocidos en instrucciones para la transformación personal. Historias como el Éxodo o la vida de Jesús no deben tomarse literalmente, sino que son simbólicas del viaje de la conciencia humana a medida que pasa de la esclavitud (pensamiento limitado) a la libertad (conciencia expandida). Por ejemplo, Goddard entiende la declaración de Moisés "YO SOY me ha enviado" como una afirmación de que la conciencia de ser de uno es la verdadera fuente de su experiencia en el mundo. De manera similar, las enseñanzas de Jesús son vistas como afirmaciones del poder de la autoconciencia y la convicción interna.

Esta interpretación psicológica ofrece una perspectiva fresca y moderna sobre los textos religiosos, animando a los lectores a mirar más allá del significado superficial de las historias bíblicas y a reconocer los mensajes subyacentes sobre el poder del pensamiento, la creencia y la conciencia. Goddard invita a las personas a asumir estas historias como propias, interpretándolas como reflejos de sus estados internos. Al hacerlo, cree que las personas pueden usar la Biblia como una herramienta para el crecimiento y la transformación personal, aplicando sus lecciones para remodelar su conciencia y, en última instancia, su realidad.

De esta manera, Goddard proporciona un puente entre las enseñanzas espirituales antiguas y las ideas contemporáneas sobre el poder de la mente, haciendo que la Biblia sea relevante no sólo como texto religioso sino también como manual para comprender y aprovechar la conciencia humana.

\-

FE Y CONVICCIÓN

En A Tus Órdenes, Neville Goddard destaca la importancia vital de la fe y la convicción en el proceso de manifestación. Un aspecto central de sus enseñanzas es la idea de que la creencia inquebrantable en los propios deseos es la clave para convertirlos en realidad. Goddard sostiene que cualquier duda, temor o vacilación en la mente del individuo creará una barrera que impedirá la manifestación exitosa de sus metas y aspiraciones.

Según Goddard, la fe no es una mera creencia pasiva, sino una convicción activa y profundamente arraigada en el cumplimiento inevitable de los propios deseos. Explica que para manifestar cualquier cosa en la vida, una persona debe aferrarse a la creencia de que lo que busca ya es suyo, incluso antes de que se haga físicamente visible. Esta certeza interior, o convicción, es lo que permite a la mente subconsciente moldear las circunstancias externas en consonancia con los propios deseos. Goddard subraya que la mente debe permanecer centrada e imperturbable ante las apariencias externas o los reveses temporales, ya que estos son solo reflejos de estados de conciencia pasados.

Un tema recurrente en la obra de Goddard es que el proceso de manifestación depende de la capacidad del individuo para mantener un estado de confianza interior, libre de dudas. Advierte que las dudas y los temores actúan como fuerzas destructivas, socavando el proceso de manifestación al desviar la atención del resultado deseado. Si una persona permite que la duda entre en su conciencia, bloquea efectivamente la realización de su deseo, ya que la mente subconsciente responde tanto a la certeza de la creencia como a la incertidumbre del temor.

Goddard insiste en que cultivar la fe no consiste únicamente en pensar positivamente, sino que implica encarnar el sentimiento de tener ya lo que uno desea. Enseña que una persona debe vivir en el estado mental y emocional de su deseo cumplido, aferrándose a esta convicción con plena confianza. El poder de esta creencia, sostiene, hará que el deseo adquiera forma material, a medida que la convicción de la mente atrae la realidad correspondiente a la existencia.

De esta manera, Goddard subraya la importancia del enfoque mental y de los sistemas de creencias para moldear la propia realidad. Destaca que la clave de la manifestación reside en una fe inquebrantable, donde la mente, sin distraerse por las condiciones externas, permanece completamente comprometida con la creencia de que lo que se desea ya se ha logrado. A través de este tema, Goddard transmite que dominar la fe y la convicción es esencial para cualquiera que busque crear la vida que realmente desea, ya que empodera a las personas para transformar su mundo interior y, en consecuencia, sus experiencias externas.

-

APLICACIÓN PRÁCTICA DE LOS PRINCIPIOS ESPIRITUALES

En A Tus Órdenes, las enseñanzas de Neville Goddard van más allá de los conceptos abstractos o teóricos y ofrecen a los lectores pasos prácticos para aplicar los principios espirituales en su vida cotidiana. Uno de los aspectos más impactantes de la obra de Goddard es su énfasis en técnicas prácticas que permiten a las personas transformar directamente su estado interior y, en consecuencia, su realidad externa. Goddard cree que estos principios espirituales no son solo ideas filosóficas, sino herramientas que se pueden utilizar a diario para crear resultados tangibles.

Un elemento clave del enfoque de Goddard es la práctica de la visualización. Enseña a sus lectores a que participen regularmente en el acto mental de imaginarse vívidamente a sí mismos experimentando la vida o las circunstancias que desean. Este acto de visualización implica no sólo ver el resultado deseado, sino también sentirlo como real, sumergiéndose emocionalmente en el estado de haber logrado ya lo que uno busca. Según Goddard, la capacidad de la mente para mantener una imagen clara y cargada de emociones de la realidad deseada es una parte fundamental del proceso de manifestación.

Además, Goddard enfatiza la importancia de sentir el estado deseado. Sostiene que el sentimiento es la clave para hacer realidad el escenario imaginado, ya que las emociones vinculadas a ese estado imaginado son las que activan la mente subconsciente. Al encarnar plenamente el estado emocional de ya tener lo que se desea, ya sea riqueza, salud, amor o éxito, un individuo pone en marcha de manera efectiva el proceso de manifestación de ese deseo en el mundo físico. Este principio hace que las enseñanzas de Goddard sean muy accesibles, ya que muestra a los lectores que pueden comenzar a implementar el cambio de inmediato al cambiar sus emociones y su enfoque internos.

Goddard también insta a sus lectores a mantener una conciencia interior y un enfoque constante en los resultados deseados. Enseña que mantenerse mental y emocionalmente alineado con el sentimiento del deseo cumplido, sin distraerse con las apariencias externas o los contratiempos temporales, es crucial para el éxito. Esto requiere un nivel de disciplina mental, donde las personas deben redirigir continuamente su atención desde la duda o el miedo hacia el sentimiento de certeza y realización.

Este tema de aplicación práctica es central en la obra de Goddard, ya que alienta a los lectores a tomar acción en su vida diaria. En lugar de dejar el crecimiento y la transformación espiritual en el ámbito de la teoría, Goddard proporciona pasos claros que se pueden seguir: visualización regular, cultivo de la sensación del estado deseado y mantenimiento de la conciencia enfocada en el resultado deseado. Estos pasos hacen que sus enseñanzas sean accesibles y prácticas para cualquier persona que busque implementar un cambio, ofreciendo un camino hacia la transformación personal que es a la vez simple y profundo. Al involucrarse con estas prácticas, las personas pueden experimentar directamente el poder de su conciencia para crear su realidad.

-

UNIDAD DEL YO Y LO DIVINO

En A Tus Órdenes, Neville Goddard introduce el profundo tema de la unidad del yo y lo divino, afirmando que el individuo y la fuerza creativa divina no son entidades separadas sino una sola y misma cosa. Este tema es central para la filosofía de Goddard, ya que desafía la visión tradicional de Dios como un ser externo y distante. En cambio, alienta a sus lectores a reconocer que la fuerza divina que crea y gobierna la realidad reside dentro de su propia conciencia.

Goddard enfatiza que la conciencia de cada persona, su estado "YO SOY", es la fuente misma de la creación, equiparando esencialmente la conciencia humana con Dios. Insiste en que la idea de una deidad externa es un malentendido y que al interiorizar la noción de divinidad, los individuos pueden acceder a su verdadero poder creativo. Esta perspectiva reconfigura la manera en que las personas abordan la espiritualidad, sugiriendo que las respuestas y el poder que buscan no están fuera de sí mismas, sino que se encuentran dentro de su propia conciencia de ser.

Goddard se apoya en gran medida en su interpretación de las enseñanzas bíblicas para sustentar esta idea. Explica que el uso frecuente de la palabra "YO SOY" en la Biblia no se refiere a un Dios distante y separado, sino a la conciencia del individuo. Frases como "YO SOY el camino, la verdad y la vida" o "YO SOY me ha enviado" son entendidas por Goddard como afirmaciones de la presencia divina dentro de la conciencia de cada persona. Este replanteamiento posiciona al individuo como un creador activo de su realidad, fortalecido por la conciencia divina que lleva dentro.

Este concepto de la unidad del yo y lo divino no sólo transforma la manera en que las personas se relacionan con Dios, sino también la manera en que entienden su potencial. Al reconocer que la fuerza divina es una parte intrínseca de su ser, se invita a los lectores a asumir la plena responsabilidad de sus vidas y de las realidades que crean. Goddard sugiere que una vez que las personas abandonan la creencia en un Dios separado y, en cambio, aceptan su propia conciencia como la fuente de la creación, pueden comenzar a aprovechar este poder interior para manifestar sus deseos y transformar sus vidas.

Este tema se alinea estrechamente con la filosofía general de Goddard de que la conciencia es la única realidad. Al reconocer la unidad del yo y lo divino, las personas pueden cambiar su mentalidad de una de separación y limitación a una de empoderamiento y potencial creativo. La enseñanza de Goddard exige una profunda comprensión interna de que lo divino no es algo que se debe buscar fuera de uno mismo, sino que está siempre presente en el interior, esperando ser reconocido y activado conscientemente.

-

LA LEY DE LA MANIFESTACIÓN

En A Tus Órdenes, Neville Goddard introduce y refuerza el concepto de la Ley de Manifestación, a menudo denominada la "Ley de Asunción". Esta ley universal es la base sobre la que se sustentan todas las enseñanzas de Goddard. Afirma que lo que una persona supone que es verdad en su conciencia se manifestará inevitablemente en su realidad externa. Este principio sugiere que la realidad no es fija ni inmutable, sino más bien muy maleable, moldeada directamente por los pensamientos, creencias y sentimientos que una persona mantiene.

Según Goddard, los individuos poseen el poder inherente de crear y dar forma a sus experiencias controlando conscientemente lo que suponen que es verdad sobre sí mismos y el mundo que los rodea. Enseña que cada experiencia, circunstancia y resultado es un reflejo directo del estado interior de uno. Ya sea que una persona sea consciente de ello o no, su realidad exterior siempre es el resultado de sus suposiciones internas. Goddard enfatiza que esta ley siempre está en vigor, ya sea para bien o para mal, dependiendo de la naturaleza de las creencias y suposiciones de uno.

Esta ley de la suposición exige que las personas asuman la responsabilidad de su propia realidad. Goddard anima a sus lectores a reconocer que, si modifican deliberadamente sus suposiciones y estados internos, pueden transformar su mundo exterior. Por ejemplo, si una persona asume que tiene éxito, incluso antes de ver ninguna evidencia externa de ello, su suposición constante de éxito acabará por hacer que éste se manifieste en su realidad física. Del mismo modo, las suposiciones negativas sobre uno mismo o sobre la vida producirán resultados negativos.

Goddard explica que el proceso de manifestación no es un fenómeno misterioso ni místico, sino el resultado natural de la alineación de la mente con supuestos específicos. Al centrar los pensamientos y sentimientos en el resultado deseado y vivir en el estado emocional de ese deseo ya cumplido, las personas pueden activar el poder de la Ley de Manifestación. De esta manera, lo que comienza como un estado mental o emocional, finalmente se convierte en una realidad física externa.

A lo largo de A Tus Órdenes, Goddard reitera que esta ley es inquebrantable y se aplica universalmente a todos los aspectos de la vida. Ya sea que se trate de salud, riqueza, relaciones o logros personales, el principio sigue siendo el mismo: lo que una persona asume internamente, lo experimentará externamente. La Ley de Manifestación de Goddard permite a las personas tomar el control de sus vidas al comprender que son los creadores de su propia realidad a través de sus pensamientos, suposiciones y sentimientos.

Al aplicar esta ley de manera constante, las personas pueden remodelar sus experiencias, alineando su mundo interior con la realidad externa que desean ver. Este tema subraya el poder transformador de la mente y reafirma que la realidad no es algo que les sucede a las personas, sino algo que ellas crean activamente desde adentro.

CONCLUSIÓN

Resumen de los principios clave:

1. La conciencia crea la realidad: lo que eres consciente de ser se manifiesta en tu vida. Si sientes y crees que tienes éxito, salud o felicidad, este estado se manifestará externamente.

2. La imaginación es poder: Goddard enfatiza la importancia de utilizar la imaginación para visualizar y sentir la realidad que deseas experimentar.

3. Reclamar y asumir el estado deseado: en lugar de centrarse en la carencia, asuma la sensación de que ya ha cumplido su deseo. Este estado "YO SOY" debe reclamarse internamente para que se realice externamente.

4. Secreto y concentración: No hables de tus deseos o dudas a los demás, ya que esto puede disipar tu energía. Concéntrate en tu interior y deja que la sensación de que tu deseo se cumple domine tu conciencia.

PLAN DE ACCIÓN PARA LA APLICACIÓN DIARIA

1. Define claramente tus deseos:
- Tómate un tiempo para reflexionar sobre lo que realmente deseas, ya sea éxito, salud, amor o riqueza. Escribe estos deseos de forma clara y específica.

2. Visualiza diariamente:
- Reserva un momento de tranquilidad cada día para concentrarte en la imaginación. Visualízate ya viviendo en el estado de tu deseo cumplido. Haz que esta visualización sea lo más vívida posible, utilizando todos tus sentidos para experimentar la sensación de haberlo logrado.

3. Siente el deseo cumplido:
- Mientras visualizas, cambia tu sentimiento interior para alinearlo con tu deseo. Encarna las emociones de éxito, felicidad o satisfacción como si tu deseo ya se hubiera cumplido. Deja que este sentimiento domine tu estado interno durante todo el día.

4. Mantener la convicción interior:
- Mantén la conciencia de ser la persona que ya tiene lo que desea. Evita que las dudas o las circunstancias externas perturben tu estado interior. Si surgen dudas, vuelve a tu sensación de certeza.

5. Evite pensar demasiado en "cómo" sucederá:
- Confía en que, al mantener tu estado interior, las circunstancias externas se alinearán de maneras inesperadas para hacer realidad tu deseo. No te enfoques en cómo sucederá, simplemente concéntrate en la sensación de ser.

6. Practica la gratitud:
- Comienza a agradecer a tu conciencia (tu estado "YO SOY") por la manifestación de tu deseo, incluso antes de que aparezca físicamente. La gratitud refuerza la creencia de que tu deseo ya es tuyo.

GLOSARIO DE CONCEPTOS CLAVE

1. Conciencia:
- La conciencia de ser o el estado mental que tiene una persona. Según Goddard, la conciencia es la fuerza fundamental que crea la realidad. Lo que eres consciente de ser determina lo que experimentas en la vida.

2. YO SOY:
- Una frase poderosa que representa el estado del ser o la identidad propia. Goddard enseña que al afirmar "YO SOY" de una manera específica (por ejemplo, "YO SOY exitoso"), se hace realidad ese estado.

3. Imaginación:
- La facultad mental que se utiliza para visualizar y experimentar los resultados deseados antes de que se manifiesten en el mundo físico. Goddard enfatiza que la imaginación es clave para dar forma a la realidad.

4. Deseo:
- Un profundo deseo o anhelo interior por un resultado específico. Goddard considera que los deseos son la voz de Dios en nuestro interior, que nos indica lo que podemos experimentar en la vida.

5. Suposición:
- El acto de aceptar mental y emocionalmente que tu deseo ya se ha cumplido. Al asumir la sensación de que

tu deseo se ha cumplido, te alineas con su manifestación.

6. Sentimiento:

- El estado emocional vinculado a tus suposiciones y deseos. Goddard destaca que la sensación de haber logrado ya tu deseo es crucial para hacerlo realidad.

7. Manifestación:

- El proceso por el cual lo que visualizas y sientes en tu conciencia se convierte en una realidad física. La manifestación es el resultado de alinear tu estado interior con tus deseos.

8. Fe:

- La convicción o creencia interna de que lo que imaginas y supones se hará realidad. La fe es esencial para la manifestación de tus deseos, pues contiene la certeza de que sucederá.

9. Conciencia:

- El reconocimiento de la propia conciencia e identidad. Goddard enseña que ser consciente de uno mismo como creador de la propia realidad nos otorga control sobre nuestras experiencias vitales.

10. Oración:

- No se trata solo de la petición o el pedido tradicional, sino del acto de reclamar y encarnar tus deseos como ya cumplidos. Según Goddard, la verdadera oración es sentir y creer que tu deseo ya es tuyo.

11. La Ley:

- Un principio universal que establece que tu estado interior (conciencia) determina tu realidad externa. A menudo asociada con el concepto moderno de la Ley de Atracción, la Ley se refiere a cómo los pensamientos, creencias y sentimientos dan forma a tu vida.

12. Decreto:

- El acto de declarar o decidir una realidad o resultado específico. En la visión de Goddard, el hombre decreta su realidad a través de su conciencia, y estos decretos siempre se cumplen.

13. Estado del Ser:

- El estado mental, emocional y psicológico que encarnas actualmente. Cambiar tu estado de ser para alinearlo con tus deseos es esencial para que se hagan realidad.

LECTURAS RECOMENDADAS

1. "El poder de la conciencia" de Neville Goddard
- Este libro explora más a fondo la relación entre la conciencia y la realidad, enseñando a los lectores cómo crear conscientemente la vida que desean a través de la atención enfocada y la conciencia.

2. "El sentimiento es el secreto" de Neville Goddard
- Un libro conciso que enfatiza la importancia de las emociones y los sentimientos en el proceso de manifestación. Goddard explica que nuestros sentimientos moldean nuestra realidad más que nuestros pensamientos por sí solos.

3. "La ciencia de hacerse rico" de Wallace D. Wattles
- Un texto clásico que se centra en el uso del pensamiento y la visualización para acumular riqueza. A menudo se lo considera uno de los libros fundamentales sobre la Ley de Atracción y la manifestación.

4. "Piense y hágase rico" de Napoleon Hill
- Este libro explora cómo los pensamientos, combinados con el deseo y la fe, pueden conducir al éxito personal. Las enseñanzas de Hill coinciden con el énfasis de Goddard en el poder de la fe y la imaginación para moldear la propia vida.

5. "La ley de la atracción: los fundamentos de las enseñanzas de Abraham" de Esther y Jerry Hicks
- Este libro profundiza en la Ley de Atracción y explica cómo el enfoque positivo y la alineación con los propios deseos pueden atraer los resultados deseados. Complementa la idea de Goddard de que la conciencia crea la realidad.

6. "El poder del ahora" de Eckhart Tolle
- El trabajo de Tolle sobre la atención plena y la presencia en el momento se vincula con el énfasis de Goddard en encarnar el estado de nuestros deseos. Ayuda a los lectores a comprender cómo desprenderse de las preocupaciones pasadas y futuras para involucrarse plenamente en el presente.

7. "Puedes sanar tu vida" de Louise Hay
- Este libro explora la conexión entre los pensamientos, las emociones y la salud física, que se hace eco de las enseñanzas de Goddard sobre el poder de la mente para dar forma no sólo a los eventos externos sino también al bienestar interno.

8. "Visualización creativa" de Shakti Gawain
- Una guía sobre cómo utilizar técnicas de visualización para manifestar deseos, muy similar a las enseñanzas de Goddard sobre el uso de la imaginación para crear la realidad. Es un recurso práctico para principiantes en las prácticas de manifestación.

9. "El secreto" de Rhonda Byrne

- Este libro popularizó la Ley de Atracción en los tiempos modernos y se alinea estrechamente con la idea de Goddard de que si te concentras en lo que deseas, lo atraerás a tu vida. Es una introducción fácil de leer a los principios de manifestación.

10. Artículos sobre neuroplasticidad y pensamiento positivo

- Busque artículos sobre la neurociencia del pensamiento positivo y cómo las vías neuronales del cerebro pueden remodelarse a través del enfoque intencional y la creencia, conectándose directamente con las ideas de Goddard sobre la conciencia que crea la realidad.

CRONOLOGÍA DE LA VIDA DE NEVILLE GODDARD

1905:

- Neville Lancelot Goddard nació el 19 de febrero en St. Michael, Barbados, en el seno de una familia británica. Es el cuarto hijo de una familia de nueve varones y una niña.

1922:

- A los 17 años, Neville se muda a la ciudad de Nueva York para estudiar teatro. Trabaja como actor y bailarín en el escenario y en películas mudas, actuando en Broadway, en películas mudas y haciendo giras por Europa con una compañía de danza.

1923:

- Neville se casa brevemente con Mildred Mary Hughes. Tienen un hijo, Joseph Goddard, nacido en 1924.

1929:

- Neville marca este año como el inicio de su viaje místico. Recuerda una experiencia espiritual: "Fui llevado en espíritu al Consejo Divino donde los dioses conversan".

1931:

- Después de años de estudiar lo oculto, Neville conoce a su maestro Abdullah, un hombre negro con turbante y de ascendencia judía. Trabajan juntos durante cinco años en la ciudad de Nueva York.

1938:
- Neville comienza su propia carrera como docente y conferenciante, compartiendo sus conocimientos místicos.

1939:
- Neville publica su primer libro, A Tus Órdenes.

1940-1941:
- Neville conoce a su segunda esposa, Catherine Willa Van Schumus .

1941:
- Neville publica su segundo libro, Tu fe es tu fortuna.

1942:
- Neville se casa con Catherine y tienen una hija, Victoria, más tarde ese mismo año. También publica Libertad para todos: una aplicación práctica de la Biblia.

1942-1943:
- De noviembre a marzo, Neville sirve en el ejército y luego regresa a Greenwich Village, Nueva York. En 1943, aparece un perfil suyo en The New Yorker.

1944:
- Neville publica El sentimiento es el secreto.

1945:

- Neville publica La oración: el arte de creer.

1946:

- Neville conoce al filósofo Israel Regardie , quien lo perfila en El romance de la metafísica. También publica un panfleto, La búsqueda.

1948:

- Neville imparte sus famosas conferencias "Cinco lecciones" en Los Ángeles, que luego se publican póstumamente como libro.

1949:

- Neville publica Fuera de este mundo: Pensar en cuarta dimensión.

1952:

- Neville publica El poder de la conciencia.

1954:

- Neville publica Imaginación Despierta.

1955:

- Neville comienza a presentar programas de radio y televisión en Los Ángeles.

1956:

- Neville publica Semilla y cosecha: Una visión mística de las Escrituras.

1959:

- Neville experimenta un profundo evento místico, describiéndolo como un renacimiento de su propio cráneo, seguido de otras experiencias místicas.

1960:

- Neville lanza un álbum de palabra hablada.

1961:

- Neville publica La ley y la promesa. El capítulo final, "La promesa", detalla la experiencia mística de 1959 y las experiencias posteriores.

1964:

- Neville publica el panfleto Él rompe la cáscara: Una lección en las Escrituras.

1966:

- Neville publica su último libro completo, Resurrección, que describe su visión mística y el potencial de la humanidad para realizar su naturaleza divina.

1972:

- Neville muere el 1 de octubre a los 67 años en West Hollywood, al parecer de un ataque cardíaco. Está enterrado en la parcela familiar en St. Michael, Barbados.

ACERCA DEL AUTOR S

Neville Goddard
Fue un pensador místico profundo e influyente del siglo XX. Sus enseñanzas se centraban en el concepto radical y empoderador de que la imaginación humana es la verdadera manifestación de Dios. Creía que todo en la vida de una persona, ya sea positivo o negativo, es resultado de sus pensamientos, sentimientos y estados imaginativos.

La infancia de Neville estuvo marcada por su crianza en Barbados, donde nació en 1905 en una familia anglicana. A los 17 años, se mudó a la ciudad de Nueva York en 1922 para dedicarse al teatro. Aunque alcanzó el éxito como actor y bailarín, actuando en Broadway y en películas mudas, su vida dio un giro radical a principios de la década de 1930. Dejó atrás su carrera de actor para sumergirse en el estudio de la metafísica.

Bajo la influencia de su mentor, Abdullah, una misteriosa figura de ascendencia africana y judía, Neville comenzó a explorar principios espirituales profundos que combinaban el cristianismo con el misticismo. Se embarcó en una carrera como escritor y conferenciante, utilizando su carisma e intelecto para dar charlas impactantes en iglesias metafísicas, centros espirituales y lugares públicos. Sus enseñanzas se centraban especialmente en el poder del pensamiento y la imaginación como la fuerza creativa suprema.

A pesar de no alcanzar una fama generalizada durante su vida, la influencia de Neville ha crecido significativamente desde su muerte en 1972. Sus obras, en particular sus libros como Sentir Es El Secreto, El Poder De La Conciencia y La Ley y La Promesa, ahora se consideran precursores de las ideas modernas sobre la mecánica cuántica y el poder de la conciencia para dar forma a la realidad.

Las ideas de Neville también han inspirado a pensadores y autores espirituales contemporáneos, entre ellos Carlos Castaneda y Joseph Murphy, quienes desarrollaron temas similares en sus propias obras. Hoy en día, sus enseñanzas son ampliamente consideradas como atemporales y siguen atrayendo a un público cada vez mayor que busca aprovechar el potencial creativo de la mente.

Imaginatio Divina Editorial

Creemos que el poder de la creación reside en cada uno de nosotros. Inspirados por las profundas enseñanzas de Neville Goddard, promovemos la transformación de la vida a través del poder de la imaginación y la conciencia. Nuestra editorial se dedica a publicar obras que revelan la capacidad innata de los individuos para dar forma a su realidad a través del pensamiento consciente y la fe interior. Cada libro, cada palabra, tiene como objetivo guiar a los lectores hacia el descubrimiento de su naturaleza divina y su poder creativo, en línea con la filosofía de que "la imaginación es Dios en acción".